全国司法职业教育"十二五"规划教材

监狱学基础理论 （第三版）

全国司法职业教育教学指导委员会　审定

主　编◎郭　明

撰稿人◎郭　明　汪　勇　吴新民

　　　　冯建军　王利杰　胡配军

　　　　宋　行　马臣文

中国政法大学出版社

2018·北京

图书在版编目（CIP）数据

监狱学基础理论/郭明主编. —3版. —北京：中国政法大学出版社, 2018.8（2023.1重印）
ISBN 978-7-5620-8455-6

Ⅰ. ①监…　Ⅱ. ①郭…　Ⅲ. ①监狱－理论－高等职业教育－教材　Ⅳ. ①D916.7

中国版本图书馆CIP数据核字(2018)第175941号

书　　名	监狱学基础理论 JIANYU XUE JICHU LILUN
出 版 者	中国政法大学出版社
地　　址	北京市海淀区西土城路25号
邮　　箱	fadapress@163.com
网　　址	http://www.cuplpress.com (网络实名：中国政法大学出版社)
电　　话	010-58908435(第一编辑部) 58908334(邮购部)
承　　印	保定市中画美凯印刷有限公司
开　　本	720mm×960mm　1/16
印　　张	10.25
字　　数	195 千字
版　　次	2018 年 8 月第 3 版
印　　次	2023 年 1 月第 5 次印刷
印　　数	23001～30000 册
定　　价	32.00 元

作 者 简 介

　　郭　明　法学教授，法律史学博士。主要从事监狱学基础理论、犯罪与罪犯分析、刑罚学原理、刑事政策学等的教学和研究工作。现任浙江警官职业学院学院图书馆馆长、学院刑事学术文化交流中心主任，曾任该院刑事司法系主任（1997～2007年）、院学术委员会主任委员（2012～2018年）。兼任中国政法大学"监狱史学研究中心""恢复性司法研究中心"及南京大学"犯罪控制研究所"等机构研究员，浙江工业大学兼职教授，香港中文大学高级访问学者（2012年），以及浙江省监狱学会、司法部燕城监狱、江苏省监狱局等行业专家咨询委员等。出版《中国监狱学史纲》《监狱的隐喻》《当代中国罪犯》等著作，发表"契约刑论"等学术论文五十余篇。主编《监狱学基础理论》《监狱法律法规导读》《"中国监狱学科建设暨监狱制度创新"论坛文集（2004）》等教材或文集。

　　汪　勇　浙江工业大学法学院副教授，法学博士。兼任浙江省监狱学会理事。公开发表论文二十多篇，主要研究领域为刑事执行法学、刑法学。著有《理性对待罪犯权利》等。

　　吴新民　浙江警官职业学院教授，哲学博士。主要研究监狱学、惩罚哲学。代表作为《柏拉图的惩罚理论》。在各类核心刊物上发表"惩罚伦理的两种取向：主体间本位与主体本位""契约论视角下的罪犯权利""古希腊监狱制度""古典惩罚伦理学范式的突破——从柏拉图到塞涅卡"等多篇论文。

　　冯建军　浙江警官职业学院副教授，中南财经政法大学法学硕士。主要研究方向为刑事法学、监狱学。主编或参编《刑事法律基础与实务》《监狱法律法规导读》等教材。曾发表"刑法适用中的法律推理机制""监外执行制度的价值底蕴与制度更新"等论文二十余篇。

王利杰 河北司法警官职业学院教授，国家二级心理咨询师。现任刑事执行系副主任，河北省社区矫正研究会副秘书长。主要从事监狱管理专业教学和监狱管理理论研究工作。主编或参编了《监狱财务管理》《监狱经济应用文写作》《保卫学》《罪犯劳动管理学》《演讲与口才》《心理学基础教程》《刑事侦查教程》《监狱学基础理论》等多部教材，发表学术论文十余篇。

胡配军 江苏省司法警官高等职业学校副校长、副教授，史学硕士。主要研究监狱学。发表"罪犯素质研究"等论文十余篇。

宋　行 江苏省司法警官高等职业学校法学教授，监狱学副研究员。长期从事法学和监狱学的教育和研究。主编或参编《服刑人员个案矫正技术》《诉讼实务教程》《合同实务教程》《安置帮教工作理论与实务教程》等教材十余部，参与司法部和江苏省监狱管理课题研究十余项。

马臣文 江苏省司法警官高等职业学校法律事务专业科助教，民商法学硕士。主要研究方向为法学基础理论、监狱学基础理论。曾参编教材《调解实务教程》《诉讼实务教程》《安置帮教工作理论与实务教程》和《罪犯管理技术》等。

出 版 说 明

　　世纪之交，我国高等职业教育进入了一个以内涵发展为主要特征的新的发展时期。1999 年 1 月，随着教育部和国家发展计划委员会《试行按新的管理模式和运行机制举办高等职业技术教育的实施意见》的颁布，各地成人政法院校纷纷开展高等法律职业教育。随后，全国大部分司法警官学校，或单独升格，或与司法学校、政法管理干部学院等院校合并组建法律类高等职业院校举办高等法律职业教育，一些普通本科院校、非法律类高等职业院校也纷纷开设高职法律类专业，高等法律职业教育蓬勃兴起。2004 年 10 月，教育部颁布《普通高等学校高职高专教育指导性专业目录（试行）》，将法律类专业作为一大独立的专业门类，正式确立了高等法律职业教育在我国高等职业教育中的重要地位。2005 年 12 月，受教育部委托，司法部组建了全国高职高专教育法律类专业教学指导委员会。2012 年 12 月，全国高职高专教育法律类专业教学指导委员会经教育部调整为全国司法职业教育教学指导委员会，积极指导并大力推进高等法律职业教育的发展。

　　截至 2007 年 11 月，全国开设高职高专法律类专业的院校有 400 多所，2008 年全国各类高校共上报目录内法律类专业点数达到 700 多个。为了进一步推动和深化高等法律职业教育教学的改革，促进我国高等法律职业教育的质量提升和协调发展，原全国高职高专教育法律类专业教学指导委员会（现全国司法职业教育教学指导委员会）于 2007 年 10 月，启动了高等法律职业教育规划教材编写工作。该批教材积极响应各专业人才培养模式改革要求，紧密联系课程教学模式改革需要，以工作过程为导向，对课程教学内容进行了整合，并重新设计相关学习情景、安排相应教学进程，突出培养学生一线职业岗位所必需的职业能力及相关职业技能，体现高职教育职业性特点。教材的编写力求吸收高职教育课程开发理论研究新成果和一线实务部门工作新经验，邀请相关行业专家和业务骨干参与编写，着力使本规划教材课程真正反映当前我国高职高专教育法律类专业人才培养模式及教学模式改革的新趋势，成为我国高等法律职业教育的精品、示范教材。

全国司法职业教育教学指导委员会
2013 年 6 月

第三版说明

　　根据出版社关于修订本教材第三版的建议，本次修订工作分为两个步骤。首先，由主编向本教材的部分参编者和国内警官院校使用该教材的部分主讲教师分别征集具体修订建议。其次，在汇总整理修订建议和系统审读教材的基础上，针对概念界定、内容调整、知识表述、理论概括以及字词推敲等已被发现的大小问题，由主编逐一进行了修改和订正。借此机会，谨对提供教材修订具体建议的各位同仁和出版社的大力支持，表示诚挚的谢意！

主编　郭　明

2018 年 6 月 1 日

第二版说明

　　本教材初版于 2011 年 4 月，其背景、目的和特点等情况已在初版编写说明中作了简要交待。作为国内司法警官院校刑事执行专业核心主干课程《监狱学基础理论》的行业规划教材，自投入使用迄今受到了同行的普遍认可。为了不断改进和完善本教材以引导和推动课程建设和教学进步，在中国政法大学出版社的大力支持下，此次利用暑假时间，对本教材进行了比较全面的二版修订。

　　本次教材的修订工作主要由主编承担。其方法是，首先向部分初版参编人员和国内司法警官院校的多位主讲教师征集了教材修订的意见和建议。然后，基于各项反馈的修订意见和建议，按章节顺序对教材从内容和文字两个方面进行了仔细审读与逐一修订。其中，内容的修订主要体现在调整材料、推敲概念、修正观点、完善理论等方面，而文字的修订主要是删改了某些行文的前后矛盾、牵强附会或重复拖沓，力求使表述更趋简洁、合理、明晰、通畅。此外，对各章所附"思考题"也作了相应审订；为避免重复，还将各章所附"拓展阅读书目"改成了"课外阅读参考书目"统一附于书后。至于其他修订之处，由于所涉细节不胜枚举，恕不在此一一列述了。读者如发现疑义，或可自行比照初版与本版的异同，亦可直接征询主编本人。

　　借此想说，任何教材的成熟和完善都是编者自觉总结使用得失，经过反复修订，不断推出新版才得以实现的。据编者所知，有些沿用数十年的经典教材自初版之后，往往历经少则数版、多达十数版的修订，其例证可谓俯拾即是。目前，我国监狱学正处在知识变迁和话语重构的学术转型时期，其内容和体系的完备性、权威性和稳定性等，皆非一般经典社会学科的原理性教科书可比。即便如此，编者亦深知"教材"无大小，其对知识品质的不懈追求应是同等一致的。

　　最后说明，本次教材修订虽已勉力悉数订正已知的各种问题，但想必其遗漏或讹误之处仍在所难免。故此，诚请本版的各位使用者随时给予指正。

主编　郭　明

2015 年 8 月

编 写 说 明

　　本书是法律类高职刑事执行专业核心主干课程《监狱学基础理论》（或《监狱学原理》）的新编试用教材，主要介绍有关监狱基本现象及其核心问题的基础理论知识，为学生进一步学习专业课程奠定必要的认知基础。它是在省级精品课程《监狱学基础理论》的建设基础上，为适应创建国家级示范院校的专业建设需要和全国政法干警招录培养体制改革试点的教学需要而编写完成的。本次新编的教材除了体现"必需、适用、简洁、规范"等一般要求外，结合课程性质和建设实际，从内容到形式进行了一些探索与创新。主要体现在以下几个方面：

　　第一，教学内容的更新。通过整理近十年国内《监狱学基础理论》课程的教学积累和吸收相关的最新研究成果，实现了教学内容的全面更新。与国内各种版本的同类或同名教材相比，其内容更新率达到90%以上。

　　第二，知识结构的调整。在更新教学内容的基础上，重新梳理监狱学基础理论的内在知识关系，从调整知识结构出发，形成了以"监狱"、"罪犯"、"行刑"3个元概念为基础，依据元概念展开12个基本理论问题的"3编12章"内容体系以及包含"一级元概念3个，二级从属概念12个以及三级次生概念36个"的知识构造，避免了以往各版《监狱学基础理论》教材与《监狱学概论》内涵混淆，或与《狱政管理学》、《罪犯教育学》、《罪犯心理学》等外延重复的通病。

　　第三，理论基础的增强。作为专业基础理论教材，本教材的主要教学目的是"培养学生具有认知和分析监狱现象及其问题的基本能力"。为此，必须注重其"基础性"和"理论性"的特质。通过贯彻"构建以基本问题为导向的专业理论分析框架"的编写思路，从而使本教材的理论基础与同类教材相比有所增强。

第四，编写形态的改良。为了活化教学效果，根据教学内容的论述需要，本教材编排了近四十幅插图及列表，引进了若干案例分析材料，除了在各章章首设置"本章概要"、"关键词"外，还在各章结尾提供了"思考题"和"拓展阅读书目"。

本教材由郭明教授主持编写。这是一项分工明确的校际合作成果。主编负责教材策划、大纲拟定、学术指导以及各章的修改和全书的统稿。具体编写的分工情况如下：郭明教授撰写"第一章"、"第六章"；汪勇博士撰写"第七章"、"第十一章"；吴新民博士撰写"第二章"、"第九章"；冯建军副教授撰写"第八章"、"第十章"；王利杰教授撰写"第三章"、"第四章"；胡配军副教授撰写"第五章"；宋行副教授和马臣文硕士撰写"第十二章"。

由于本教材的新编是一次探索性的尝试，因此，难免在知识概括、理论分析或行文处理等方面存在各种疏漏或错误，敬希业内外贤达不吝指教，以便再版时加以修订。

最后说明，本教材已经纳入司法部法律类高职教育统编教材编写和出版计划，曾得到司法部高职高专教育法律类专业教学指导委员会、浙江警官职业学院、江苏省司法警官高等职业学校、河北司法警官职业学院等单位的大力支持，在此一并致谢。

主编　郭　明

2010 年 10 月

目录 CONTENTS

上篇 监狱论

第一章　监狱概念论

内容提要

● 本章梳理了古今中外监狱现象及其演变脉络，介绍了如何认识监狱现象及其本质的复合属性分析方法。针对以往监狱概念认识缺乏多样性和包容性，提出了有关监狱概念的复合定义法和分级定义法。

关键词

● 监狱属性分析　复合定义　基本定义　衍生定义　分级定义

第一节　古今中外的监狱现象

　　监狱是人类社会特有的现象。迄今为止，在其他物种的生存习性或组织行为中，并没有为了确保其生存共同体的秩序与利益，运用"监禁"的形式，剥夺和限制同类自由或以"监禁"为条件，同时应用监控、惩戒、劳动、管理、教育、矫治等多种工具和手段以实现多种社会功能的"监狱现象"。尽管，也有充足的证据表明，为了分享或控制生存资源和机会，在其他物种的内部社会中不乏极具机巧或谋略的竞争、掠夺、杀伐等行为。但是，只有人类不仅对其"同类"运用了"监禁"，而且发展了"监禁"的文明现象，特别是由各种行刑理念、符号、设施、模式等要素构成的监狱制度形态，使之成为其全部人类文明不可或缺的组成部分。的确，从古至今，监狱的结构和功能经历了由"简单"到"复杂"、从"粗放"到"精细"、从"单一"到"多样"的发展过程，并形成了形形色色、纷繁复杂的文化现象。这种伴随人类社会发展而不断演进的监狱文化现象，表明了其存在一定蕴含了某种现实而合理的根据。因此，在探讨监狱的概念之前，有必要了解监狱现象及其演变的一般情况。

一、古代监狱现象

　　监狱史研究表明，古代监狱滥觞于远古酋邦社会已具有的各种"监禁"的习惯形式，即以"丛棘或畜栏"等作为临时工具，羁押部落间战争俘虏或损害本酋邦利益、触犯禁忌或习俗的各种待决者。描述古代监狱结构和形态的有力证据之一是殷商时期甲骨象形文字"囚"字的若干不同写法（异体）（参见图 1－1）。

"围"字的演变

图 1－1："囚"字的符号演变

学界通识认为，相对成熟的监禁形式即监狱，源于早期国家建立之初，作为国家组织的功能部件之一，它与国家同时诞生。从远古、上古、中古到近古，古代监狱是一个跨越漫长历史的称谓。在我国，与中国历史分期相一致，清末以前的历代监狱都可划入"古代监狱"的范畴。其中，较具代表性的监狱形式是，在上古早期国家发展的邦国时期，如夏、商、周三代流行的"圜土"之制[1]。

在秦统一中国之后，出于维护集权统治和保障地方政权的实际需要，监狱发展呈现体系化特征。比如出现了中央监狱（如咸阳狱）和地方监狱（如云阳狱、阳周狱等）之别。两汉时期，监狱层级和门类渐趋增多，仅中央监狱就有诏狱、掖庭狱、共工狱、都船狱等，地方监狱有中都官狱、均邸狱、洛阳寺狱等，不一

---

[1] 参见《竹书纪年》记载"夏帝芬三十六年作圜土"。又见《周礼·地官·比长》郑玄注"圜土者，狱城也"。

而足。隋唐至明清时期，从中央到地方，监狱分门别类，形态各异，数量众多，成为其庞大统治体系的重要组成部分。其中，作为遗址存留至今的"河南内乡县衙监狱"、山西平遥县衙监狱、明代"山西洪洞县衙监狱"等，具有研究监狱建制的"活化石"意义（参见图1-2）。

图1-2：山西洪洞县衙监狱的虎头牢

在西方，虽然监狱在古代不同文明类型中的具体诞生年代不一，但发展情形亦大体相似。比如，在古巴比伦、古埃及、古印度、古希腊、古罗马等，皆曾出现利用洞穴、坑井、畜栏、城墟、石屋等作为羁押设施的"监禁现象"[1]。这些现象表明，"监禁"在人类早期建立国家统治和维持社会秩序中曾发挥了大体相同的作用。西方的"古代监狱"的演进史同样漫长，一直延续至十七、十八世纪近代监狱改良之时。不过，由于年代久远，许多远古或上古的西方"古代监狱"，因缺乏确切记载而湮没不闻。比如，传说古罗马曾于公元前64年建成著名的"马默延监狱"，它是一座建造于城市水道下面的规模巨大的水牢。而比较多见的情形是利用城堡建筑的一部分或直接利用废弃的城堡作为其城邦国家的一种典型"监狱样式"。比如，英国首府伦敦的伦敦塔自1078年建成以后，首先是英国王室的宫殿和议事厅，同时又被当作皇家的监狱和秘密刑场（参见图1-3）。

---

〔1〕　参见杨世云、窦希琨编著：《比较监狱学》，中国人民公安大学出版社1991年版，第22页等。

图 1 - 3：1078 年建成的 "伦敦塔狱"

又比如，名闻遐迩的巴士底狱始建于公元 12 世纪初，既是一座坚固的要塞城堡，又是历代国王关押 "政治叛乱犯" 的场所（参见图 1 - 4）。

图 1 - 4：始建于 12 世纪的要塞城堡 "巴士底狱"

据记载，在西方教会统治时期，还常把修道院的隔离设施作为监狱，用于关押被判处监禁或免处死刑的异教徒。而中世纪的英国城市，则陆续出现了收容乞丐、流浪者、债务人的惩治场。

在资本主义发展初期，英国、法国等政府除了利用废弃的海船用作流放的工具"船狱"，还在美洲、澳洲等殖民地开辟专属流放地"劳役营"，大量移囚垦荒。总之，伴随近代城市和民族国家的兴起，以商业发展、文艺复兴、人权运动等为推动力，西方监狱逐步告别古代传统。

二、近代监狱现象

近代监狱的出现是人类社会从古代向现代过渡的产物。以西方社会刑事改革和监狱改良前后的历史发展事实为依据，时间跨度大约自 16 世纪下半叶至 19 世纪上半叶。自 16 世纪中叶以后，荷兰、西班牙、比利时、意大利、法国等国陆续出现了若干改良监狱的先驱性个案。其中名闻遐迩、为人称道的有荷兰监狱改良样本"阿姆斯特丹感化院"等。不过，一般认为 18 世纪中后期由约翰·霍华德、杰雷米·边沁等人发起的"英国监狱改良"运动，由于从理论思潮到制度实践，对其他西方国家的监狱改良产生了广泛而深刻的示范和推动效应，从而在现代监狱发展史上才具有世界性影响和里程碑意义。在英国监狱改良的带动下，数十年间先后出现了诸如宾州监狱（美国，1793 年。参见图 1－5）、奥本监狱（美国，1819 年）、彭顿维尔监狱（英国，1842 年）、梅特莱农场监狱（法国，1843 年）、金斯顿感化院（加拿大，1835 年。参见图 1－6）等一批近代监狱改良的佼佼者。

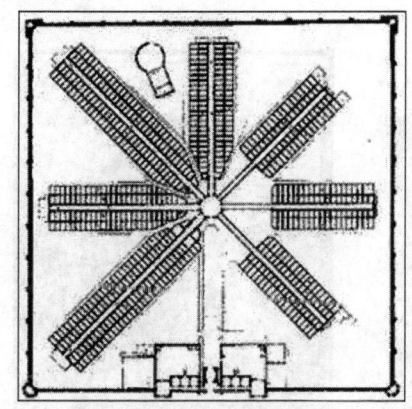

图 1－5：始建于 1793 年的美国宾州切里希尔监狱的"独居制"

图 1－6：加拿大金斯顿感化院一角

西方国家上述监狱改良成例及其制度文明，伴随西方文化全球性的拓殖扩张，也陆续输出给了非西方国家。尽管非西方文化体系的不同国家和地区进入被殖民化及其近现代历史的进程并不一致，但却无一不受西方文化势力的渗透和影响。在西化浪潮的冲击下，各国传统文明及其监狱文明在被迫或主动转型的过程中，大都呈现了曲折变迁甚至断裂再造的复杂历史面貌。一般认为，中国监狱的近代转型始于1840年"鸦片战争"，是对西方强势文明挑战的应激反应之一。正是在"鸦片战争"之后，中国监狱发展形成了有别于传统监狱文化的"一国两制"现象：在一个主权中国的版图上，出现了两种不同主权属性的监狱。其时，除了大清政权治下的本国传统监狱，在中国沿海地区的西方列国租借地内，陆续出现了一批不受大清政府司法管辖的"外国监狱"。如中国香港的域多利监狱（英国，1841年）、上海的领事法庭监狱（英国，1856年）、提篮桥监狱（英国，1901。参见图1-7）、山东青岛的德国欧人监狱（德国，1900年。参见图1-8）、辽宁旅顺的日俄监狱（俄国、日本，1902。参见图1-9）等。

图1-7：上海提篮桥监狱的十字楼建筑内景

图1-8：青岛"欧人监狱"外观

图1-9：始建于1902年的旅顺日俄监狱

图1-10：取法日本的清末民初新式监狱"京师第一监狱"

可以说，迫于此种"一国两制"的尴尬局面，为了收归旁落的司法管辖权，清朝政府不得不开始师法列强，推行新政，包括尝试狱制改良，建造如天津习艺所（1902年）、芜湖大清监狱（1905年）、京师第一监狱（1910年。参见图1-10）等仿效西制的新式监狱。

由此，拉开了中国监狱近现代化的大幕。

三、现代监狱现象

回顾监狱发展的近现代化历史，可知近代和现代一脉相承，密不可分。如果以古典刑事旧派的报应刑作为近代刑罚及其监狱实践的历史发展标志，那么，自19世纪中叶之后，由于新古典刑事新派的预防刑论传播及其实践的兴起，西方监狱开始从近代进入现代历史。在工业革命和技术创新的持续推动下，人类社会的生产方式发生了日新月异的深刻变化。面对日益复杂的社会治理现实，"国家"这一古老的公共政治形态开始经历从传统到现代的治理方式转型。监狱改良亦成为转型议题，这源于并满足了国家与社会关系的变革需要。和近代监狱相比，现代监狱制度变迁主要经历了"现代"和"后现代"两个阶段的历史变迁。以西方经验为参照，自19世纪中叶至20世纪中叶的一百余年为其"现代发展"时期。该时期主要以"预防刑"为主导，基于意识形态的差异，产生了感化刑、教诲刑、改造刑、矫正刑等形形色色的国别实践模式。此外，在刑事发展的一般潮流之外，就影响而言，不得不提及在第二次世界大战时期，由纳粹德国所制造的"纳粹集中营"这一现代监狱史上被喻为"最黑暗一页"的监狱文化现象（参见图1-11）。

图1-11：臭名昭著的奥斯维辛集中营一幕

这一现象在 21 世纪初美国的"关塔那摩军事基地监狱"和"伊拉克阿布格拉布监狱"又以不同方式有过个别的重演（参见图 1 – 12）。

图 1 – 12：关塔那摩美军基地监狱虐囚一幕

　　这一时期的典型西式监狱建筑特征是砖混结构的大型独居制组合及其高墙电网的厚重隔离周界（参见图 1 – 13）。

图 1 – 13：20 世纪 40 年代美国的典型监狱建筑样式之一

　　自 20 世纪 70 年代至今为其"后现代发展"时期。进入"后现代发展"时期的前 30 年，严格来说是一个现代与后现代相混合的过渡时期。在这一时期，"预防刑"受到了质疑，一种试图折中和调和报应刑和预防刑的刑罚改革思潮开始流行。同时，"修复刑"（Restoritive Justice）有了广泛的传播。不过，修复刑的目的不是报应或预防犯罪，恰恰相反，其旨趣在于以人道主义的精神，减少和修复因犯罪和刑罚而给予刑事当事人及其社会关系所造成的相关损害。就此而言，它是一种试图对犯罪与刑罚进行"祛邪扶正"的超刑事现象。总之，后现代发展时期的监狱行刑思想呈现了多元化景象，目前还没有哪一种新兴的刑罚理论与实践独占鳌头。以美国为例，发生在 1970 年前后的关于"矫正是否有效？"的马丁森－帕尔墨争论，虽然结束了以"矫正刑"为主导的现代监狱时代，从而成为进入一个折中或综合的后现代发展时期的标志性事件，但自 20 世纪 90 年代以后，由于西方社会的犯罪形势日趋严重，尤其是重新犯罪率居高不下，严刑峻罚主义应运而生。这一时期监狱发展的显著特点之一是兴起了新一轮的监狱扩容或新建浪潮。以高科技应用为标志，其监狱建筑形态一反 20 世纪 40 年代砖混结构的"城堡"模式，采取了被称为"倒转城堡"的典型形态。其监狱建筑项目一般由专业监狱建筑公司担纲设计，并使用新材料、新工艺和新技术进行建造。比如，新型的后现代监狱建筑对"监舍"这一最小居住单位不仅从有利于提升监区监控和组织管理的效能角度出发按照人机工学原理优化其排列结构的组合形式，而且采用精钢焊接与灌沙浇铸一次成型技术，极大地增强了日常监管的安全保障。从整体看，现代监狱建筑的周界设施已不再采用厚重的砖混围墙，而是改以具有嵌入式智能感应装置的双层或多层透明钢刺网，并在监狱的核心区域则设置了功能综合的"中心指挥塔"（参见图 1－14）。

图 1－14：2000 年以来美国的最新监狱建筑样式之一

总之，"后现代监狱"同步于后现代社会，是从硬件到软件对"现代监狱"进行了全面转型与升级的产物。

在上述西方监狱发展的现代化潮流推动下，非西方文明国家的监狱制度虽然深受其影响而纷纷发生顺应性变革，但其监狱变革也因文化差异而冲突不断。对此，中国监狱制度的现代发展历史独具启示意义。众所周知，由于中西文明在清末发生剧烈碰撞，中国被迫进入西化过程，因此，清末中国监狱在未曾经历如西方监狱那样的近代化阶段之下，直接接触和继受了西方现代监狱初期的一系列"预防刑"模式。其间，1901 年至 1949 年，中国监狱主要师从日本移植了"教诲刑"模式，其建筑特点是主体部分引进了日本的"轮辐型"样式及采取"独居"监禁制度。1949 年中华人民共和国成立，转而师从苏俄移植了"改造刑"模式。其建筑特点是主体部分采用结构简单、用材粗糙的劳改营房及实行"杂居"的监禁制度。20 世纪 80 年代以后，伴随中西监狱文化关系的改变和"改革开放"政策的推行，除了继续保持"改造刑"模式，还逐步引进欧美的矫正理论与实践。其监狱建筑呈现了转型期的过渡建筑特点，早期是陆续对原有的破、旧、危劳改营房进行了"改扩建"，晚近则在司法部"布局调整"政策的引导和部署下，各省统一规划和设计，陆续建造了一批全新的监狱建筑，其建筑特点是主体部分大多以"监区"为单位的独栋多层楼房，在中心大道及广场两侧，每栋监房以一定间隔，按"监区"编号进行顺序排列。在独栋监区楼房中，每层分隔成可供 12~16 人居住的室内联排"监舍"，通常一层安排一个"分监区"的犯人使用，并拥有比较完善的文化教育、生活卫生等配套设施。与西方现代监狱多采单人居或双人居的监舍制度不同，目前中国大陆新建监狱缘于收押规模、监管传统和人均建筑费用限制等因素，主要还是采用不少于 10 人的杂居监舍制度。其整体"建筑样式"体现了转型时代中国监狱"趋时追新"的特点（参见图 1 – 15）。

图 1 – 15：2002 年重建的江苏省苏州监狱

综上所述，自近代以来伴随全球化的历史发展，具有不同于西方文明类型及政治制度的世界各国，其监狱制度无不受到西方近现代监狱文明的影响或渗透，大致经历了从传统到现代的制度变迁。尽管其变迁的历史过程及其后果不尽相同，但基本呈现了从近代报应刑到现代报应和预防的二元复合刑罚，从现代的二元复合刑罚走向后现代多元复合刑罚的一般历史发展趋势。

第二节　监狱现象的认识方法

世间万物以其由来可以分为两类：一类是自然事物，另一类是人为事物。监狱无疑是一个人为事物。人为事物是人类加工自然的质料，将其制造为具备某一特定用途的实体形态，一般又可分为"简单人为事物"和"复杂人为事物"[1]。"简单人为事物"的物理结构与社会功能相对单一，不具备有机的组织特征，如茶壶、酒瓶、鸟笼、公寓等。"复杂人为事物"具有事物构成的复杂性、有机性和系统性等特征，如医院、寺院、学校、企业、监狱等。无论简单人为事物，还是复杂人为事物，都是人类在某种特定目的的支配下，凭借自然和社会条件，创建其结构，使之具备某种功能，从而产生某种效用所形成的实体现象。人为事物的实体，一般包含三个相互关联的要素，即"结构、功能和效用"，由此构成人为事物的主要属性。换言之，认识人为事物的主要属性，可从其结构、功能和效用（或价值）三者的属性表现及其相互关系加以探究。

依照上述方法，审视"监狱"这一古老的人为事物，其究竟具有怎样的属性表现呢？

一、监狱的基本属性

监狱的基本属性是古今中外一切监狱的共有属性，是监狱这一事物区别于其他事物的根本特征。它们主要是：

（一）结构的封闭性

为了将罪犯"囚禁"起来，使之有效地与社会相隔离，必须借助封闭的结构。古今中外的监狱无论形态如何，"封闭性"都是其显而易见的一项特征，具有物理视觉的直观性。虽然由于地上遗存的匮乏人们一般无从直接感知远古监狱的具体形态，但从留存至今的若干文书证据，可以说明"封闭性"是被最早描

---

〔1〕　关于"人为事物"研究观点的详尽阐释，可参考诺贝尔奖获得者、加州伯克利分校教授赫伯特·A. 西蒙的著作：《关于人为事物的科学》，解放军出版社 1985 年版。

述的监狱印象。以甲骨文的记载为例，在甲骨文中凡是描画"监狱"这一事物的象形手法，皆是人在"口"中的图形。"口"象形的是封闭的斗室、槛栏或地牢。由它们衍化而成的字词，则有"图、圄、圈、囚"等。东汉许慎《说文解字》曰："囚者，系也！从人在'口'中。""囚"字形象地说明了监狱结构的封闭性。虽然历代监狱的结构变化日趋复杂，其结构封闭性的含义在建筑上具有多样化的应用表达。一些开放式的现代监狱，因其"开放式"实践，似乎削弱或改变封闭性的印象，但其实践后果还没有发展到对监狱结构的封闭性给予根本否定的程度。从监狱的监禁本性可以断言，只要是用于执行自由刑，那么，无论结构的形态如何演化，其封闭性终将是一项无法丧失的属性特征。

（二）功能的隔离性

封闭的结构所具有的主要功能就是形成了监狱内部与外部以及内部与内部的相互隔离。这种隔离的功能主要表现在内外两个方面：一是通过监狱与外部社会的隔离，确保行刑对象无法与外部社会的直接接触，由此既实现了剥夺其人身自由的目的，又满足了保障社会公共安全的需要；二是通过监狱内部不同功能区块的隔离，实现对于行刑对象狱内人身自由的行政限制。由此既可避免其群体或个体之间的随意接触，又可有助于建立分类管控的纪律秩序，确保狱内社会的有序运行。

（三）效用的囚禁性

由于借助了封闭的结构、隔离的功能，监狱也就具备了剥夺和限制人身自由的"囚禁"效用。需要指出，监狱的"囚禁"具有对象的特定性，即其对象必须是犯了罪的服刑者。但是结构的封闭、功能的隔离和效用的囚禁，本身并非"监狱"的专有属性，它也可以是鸟笼、畜栏等简单设施或精神病院、强制戒毒等复杂机构的基本特征。

二、监狱的衍生属性

监狱的衍生属性是监狱在适应不同国家和社会需要的发展过程中，基于"基本属性"而派生或叠加的实际"结构、功能和效用"属性，具有历史性和时代性。从形式逻辑的观点看，监狱的"基本属性"是监狱之所以为监狱的"必要条件"，而"衍生属性"则是监狱之所以为某具体而特定监狱的"充分条件"。没有基本属性，监狱不成其为监狱；没有衍生属性，监狱不成其为某具体而特定的监狱。总之，基本属性和衍生属性共同构成监狱的文化属性。

以下拟从历史和现实两个维度，梳理和概括古今中外监狱现象发生的一般史实，将其主要"衍生属性"的发展变化列表分析如下：

（一）监狱"衍生属性"的历史分析（参见表1-1）

表1-1：监狱"衍生属性"的历史分析

历史进程	文明类型	结构特征	功能特征	效用特征
1. 古代（~1500年）	远古—上古的采/猎文明社会	使用粗糙、简陋的自然拘押设施，如丛棘、畜栏、洞穴等。	临时羁押或遗弃等，功能单一，且未充分制度化。	用于处置、报复或排泄等，维护了部落或酋邦社会的生活秩序和习俗。
	上古—中古的农牧文明社会	使用简易的人造监禁设施，如地牢、圜土、念室等。	羁押待决、处置轻罪、关押俘虏或罪隶并任之以事等，功能开始制度化运作。	用于惩罚不同性质的轻罪，榨取罪犯劳动力，维护早期国家的统治秩序。
	中古—近古的农工文明社会	使用结构合理、形态规范、建筑牢固的人造监禁设施，如中国的各种县衙狱、西方的各种城堡狱等。	剥夺自由和限制自由，并附加严酷的肉刑和繁重的劳役，功能实现制度化运作。	成为惩治犯罪的主要刑罚手段，其威慑效应进一步增强；由于集中榨取劳动力使监狱还表现了前所未有的经济效用。
2. 近代（1500年~2000年）	工业文明社会	建筑纳入国家规划，符合专用建筑规范，以砖混材料建构的辐射结构为典型，布局更加合理和规范。如京师第一监狱、上海华德路西牢等。	执行可变更自由刑，强化羁押、监禁、惩罚、教诲、改造、劳动等功能的规范化运作。	降低了躯体惩罚的严酷程度，注重精神干预和控制，强调预防犯罪的效用。

续表

历史进程	文明类型	结构特征	功能特征	效用特征
3. 现代（2000 年～）	后工业文明社会	变革工业社会的监狱结构和形态，以独居监舍为基础、整体采用钢架结构组合为主，造型风格多样，全面应用建筑和安防高新技术。如美国的北支流监狱、橡园高地监狱等。	执行可变更自由刑，深化和细化近代监狱的各项功能，并使其运作更趋规范化和专业化。	秉承近代监狱的预防传统，并注重平衡报应、预防和修复的综合效用。

上表将人类社会的历史发展过程，大致分为"古代、近代、现代"三个时期，并依据生产方式和建筑形态的演进，对监狱"结构—功能—效用"发展的衍生文化特征给予了概要分析。显然，这里反映的是最为一般的发展轨迹。事实上，在不同历史时期的不同国家和地区，监狱现象的历史发展经常具有非连续性或不平衡性。例如，大约公元 5 世纪诞生的英国监狱，其并非不列颠本土社会文化关系日益发达的产物，而是盎格鲁—撒克逊人入侵的结果。比较两个民族的"社会文化"差异，可知在它们彼此发生历史交叉之后所出现的是由征服者输入的监狱文明，因此，远远超出了英国本土文化的实际发展水平。单纯按 5 世纪前后不列颠本土社会的文明进程，只能产生如上表"古代"部分第二阶段"上古—中古的农牧文明社会"的"监狱现象"。又如，人们知道近代美国监狱诞生迄今只有二百多年的历史，如果不是西欧诸国文明的输入及其近代资本主义国家的建立，18 世纪末至 19 世纪初在北美的土地上，应该无从产生以"宾州制"和"奥本制"等为代表的美国新式监狱。相似的情形也发生在中国，从史料可知，鸦片战争以后，外国列强在中国沿海地区，从南到北建立了一系列与本土监狱文明类型截然不同的近代西式监狱。由于清末的中国政府为收回司法主权，陆续兴建了一些仿效西方狱制的新式监狱。这些新式监狱具有迥别于本国旧式传统监狱的衍生文化特征，可以说是一种"跨文化产物"。而 1949 年中华人民共和国成立以后，一概废除民国政府的司法及监狱制度，从苏联借鉴和移植的"劳动改造"监狱，形成了对清末民国新式监狱现象的一种"反动性发展"，充分体现了监狱历史发展的非连续性或不平衡性。

此外，从上表可以看到，伴随人类社会的发展变化，监狱的文化属性不断演变，呈现了从"简单"到"复杂"、从"粗糙"到"精细"、从"单一"到"多样"、从"国别"到"国际"等总体变化趋势与特点。

（二）监狱"衍生属性"的现实分析（参见表1-2）

表1-2：监狱"衍生属性"的现实分析

分析序列	关系类型	结构特征	功能特征	效用特征
1	政治关系	国家机器的组成部分	政治镇压	维护统治秩序
2	法律关系	刑事司法程序的最后环节	执行刑罚	惩治违法犯罪
3	经济关系	社会的纯公共物品之一	提供安全	满足公共安全
4	社会关系	社会分工的职能部门	社会合作	保障社会运行
5	文化关系	报应、预防、修复等精神的制度表现	惩罚、改造、矫正、救赎犯罪	实现报应、预防或修复正义

上表以监狱与国家和社会所存在的主要功能关系作为分类依据，简要分析了监狱在其现实关系中所具有的多元文化属性。需要指出，在古代社会，监狱的文化属性虽然也可从政治、经济、法律、社会、文化等不同关系加以考察，但其发育程度仍然有限。这是上表选择以近现代的现实关系为背景的主要理由。

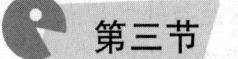

第三节　监狱的概念及其定义

一、监狱的概念

综上可知，监狱现象与政治现象、经济现象、法律现象、道德现象、教育现象等人类社会现象一样，具有丰富复杂的历史文化属性。在力求认识监狱现象的基础上，如何从知识上掌握这一内涵丰富、外延复杂的现象，这就产生了如何对监狱现象进化概念化并给以合理定义的问题。

什么是概念？普通逻辑学一般将"概念"定义为"关于事物本质的思维形式"，而问题是：什么是本质？对此，主要观点大致有三种，即一元本质说、反本质说和本质多元说。一元本质说认为事物存在唯一本质，即某一事物之所以不同于其他事物，是因为有其自身规定性，即存在稳定不变的"根本属性"。所谓"概念"就是一种反映事物根本属性的思维形式及其确定性知识。这是说，事物

本质的唯一性决定了事物概念的唯一性，决定了知识的明确性。而反本质说恰好与此观点形成鲜明的对立。反本质说通常是一种极端的变化主义，它不承认事物有所谓"根本属性"。由于不承认万事万物有知识的"确定性"，因此，可以说它将概念的一元本质说否决了。最后，介于一元本质说和反本质说的折中观点，则是本质多元说。持此说者认为，事物的本质认知是发生于主体和客体之间的一种"主观见之于客观"的认识。由于人的"主体"差异，以其"主观"所见，对事物的"本质"必定是"见仁见智"。因此，如果要对事物形成"正见"，就需要在比较各种"异见"中，采取更具包容性的条件思维和相对思维，通过求同存异，形成知识的概念化及其多元定义。由于"一元本质说"无视人的感知差异而难免独断，而"反本质说"则因否认人的感知类同或重复而流于知识虚无主义。总之，两者皆失之于绝对。因此，本人采取"折中主义"方法，结合上述监狱的历史和现实分析，通过"监狱"名实关系的知识比较和分析，提供关于监狱现象认识的概念化方法。

（一）名称辨析

在汉语中，"监狱"是一个由"监"与"狱"合成的词语，历史上"监"或"狱"多为单独使用，其合成使用时间晚至清代[1]。在中外监狱史上关于"监狱"有过许多其他正式或非正式的、雅的或俗的同类命名。比如"钧台""囹圄""圜土""稽留""灵台""圉""狴犴""牢狱""班房"或"Bandhouse""Cage""Hlack Hole""Can""Prison Bars""Prison""Jail""Penitentiary"等。这些命名不仅符号名称不同，所指实际对象及应用语境亦各不相同。比如，古代的"圜土"与近代的"习艺所"，近代的"纳粹集中营"与现代的"开放监狱"等，虽然都是剥夺和限制人身自由的场所，但其内涵与外延却大相径庭，它们属于监狱文化的不同类型与模式。总之，无论是官方还是民间，"监狱"一词在我国是清代以来才逐渐成为命名监禁现象的一个流行的统称。

除了监狱的称谓不同而含义有别，国内监狱学关于监狱的名实关系，通常还有特指和泛指之分。其特指"关押死刑缓期执行、无期徒刑、有期徒刑以上者"的自由刑机构，即监狱。而泛指"一切剥夺和限制人身自由的行刑机构"，即除了监狱，还指看守所、拘役所等刑事监禁机构和拘留所、劳教所、强戒所等非刑事监禁机构。这说明了"监狱"在实际使用中具有名称与其对象之间既相合又分离的关系，说明要了解"监狱"这一概念的内涵与外延，需要结合应用语境进行具体分析。

---

〔1〕 参见薛梅卿主编：《中国监狱史》，群众出版社1986年版，第134页。

（二）实质辨析

从国内通行的监狱学教科书来看，关于"监狱"的概念化方法一般是依照前述"唯一本质说"，给监狱下达一项实质性定义。基本做法是在提出设问之后，使用一个或一组陈述句（即"监狱是什么……"）来给出"权威""正确"的答案。比如，问监狱是什么？一般都是立足监狱与国家的关系，回答"监狱是国家机器的组成部分、是镇压反抗、维护统治的工具"等。显然，使用此种"单一定义"表达概念的好处是简单明确，但它在知识上造成的坏结果是，它对一个复杂现象的认识，往往"攻其一点，不及其余"。这是说，既然自诩是唯一正确的认识，那么，将之概念化的过程，不过是一种为了说明其认识唯一正确和有效而进行的不容辩驳的独断论解释，这个解释的主要问题是不能接受或兼容与之不尽一致的各种经验或思想。总之，这样的"单一定义"排斥了关于监狱认识的多样性。有学者注意到这种定义的弊端，试图通过罗列若干代表性的观点进行比较取舍，以便提供其认为更加准确或合理的定义，但经过比较选择的还是"单一定义"[1]。的确，比较选优的定义方法，虽然避免了直接给出"单一定义"的独断，但其根据和结果毕竟还是"唯一本质说"。满足"监狱是什么？"这一"单一定义"的要求而又能避免其认识不完备的做法只有一个，就是回答"监狱是监狱"。然而，这样的绝对定义尽管"无比正确"，却不能给出任何具体、有效的知识。总之，任何单一定义，假如想要提供对人"有用"的"知识"，那么，只要承认作为认识主体的人并非无所不知的"上帝"，它就必定是基于自身与监狱关系的特定视角所陈述的对于监狱部分属性而非全部属性的有限"实质"认识。从思想策略来说，可以有所改进的概念化方法是尊重各种"单一定义"的实质认识，并将之进行有条件的理论综合，使之成为一种开放的、多元的、相对的"实质认识"系统化方法。

二、监狱的定义

在对监狱的文化属性作了必要的梳理和分析以及探讨了将其认识概念化的方法之后，接下来需要将已有的概念化认识，借助一种由"单一定义"发展而来的"复合定义"，将各种定义结构化和系统化，从而使之成为一种有关监狱概念的完整知识。

---

〔1〕 比如，由杨世云、窦希琨编著的《比较监狱学》在介绍"监狱的概念"时，比较了四种定义：①监狱是具有特殊物质设备和特定人员组织的制度性存在物；②监狱是国家的刑事机构；③监狱是刑事诉讼的最后归宿之一；④监狱是执行自由刑的场所。在分析其存在的问题和不足之后，提供了他们自己的第五种定义：监狱是构成国家实质的专政工具，是强迫他人意志服从统治阶级意志的特殊强制机构。可见，这仍然是采取了一种并不充分的单一定义法。

（一）复合定义的定义组成

所谓"复合定义"，或曰"系统定义"是表示一个定义集合（｛F｝），它主要由一项"基本定义"（B）和若干项"衍生定义"（Y）组成。其组成关系姑且表达为：$\{F\} = \{(B) + (Y1 + Y2 + Y3……Yn)\}$。

1. 基本定义（B）

"基本定义"是对监狱"基本属性"所作的语义描述。就其与衍生定义的关系而言，可以称之为"母定义"。根据前述对于监狱"基本属性"的构成要素分析，可提供监狱的"基本定义"如下：

"监狱是凭借封闭的结构，运用隔离的功能，用于囚禁罪犯的系统。"

为了方便应用，也可仅根据其效用特征，简化为："监狱是用于囚禁罪犯的系统。"

由于"基本定义"是一个"母定义"，是一切衍生定义的始基和根据。因此，定义描述的词语，如"封闭""隔离""囚禁""罪犯""系统"等，必须具有简明、通约、消极、中立的特点。在上述词语中，除了"封闭""隔离""囚禁"的词义明确无误，"罪犯"一词还有"囚犯、犯人、犯罪分子、服刑人员、在押人员"等同义或近义词，考虑这些词语比"罪犯"一词的含义更加具体而特定，故不在基本定义中采用，但可以根据具体行文的需要选择使用。在英语中，过去较多使用的"Prisoner（囚犯）"一词，现已大多被可在各种监禁机构中通用的"Inmate（罪犯）"一词替代。还有"系统"一词，在以往的各种监狱定义中，较多使用"机构、机关、场所、工具、设施、营造物"等。无论使用哪一个词语，都有其侧重而难免以偏概全，这里选用更加强调结构和体系特点的"系统"一词。

2. 衍生定义（Y）

"衍生定义"是对监狱各种"衍生属性"所作的语义描述，用于揭示监狱为适应不同历史时期社会文化条件所发展而来的不同类型、模式及功用属性，一般具有适应性、变迁性、多样性的特点。

以下以现代监狱各种衍生属性的现象认识为依据，从政治、法律、经济、社会、文化等不同视角，辑集整理或重新定义若干代表性的"衍生定义"：

（1）衍生定义（Y1）："监狱是国家暴力机器的组成部分/监狱是无产阶级专政的机关/监狱是一个惩罚和改造罪犯的场所等。"

这是一类反映政治关系及其应用情境的衍生定义，简称"政治定义"。主要揭示了监狱在国家政治制度中所具有的地位和作用。它表明国家将犯罪视为危害其统治的因素，把监狱纳入了国家的暴力镇压体系。在国家的立场上，监狱首要属性乃是其政权保障效用，尤其是专制国家时期，监狱受到统治阶级的高度重视，以至于在一般普通监狱之上，往往专设各种收押危害国家统治和政党利益之罪犯的特别监狱。这些定义及其根据在马克思主义经典著作有关"无产阶级专政"和"社会主义国家"的基本理论中更有明确的论述。

（2）衍生定义（Y2）："监狱是执行自由刑的工具/监狱是执行监禁刑的机构/监狱是国家的刑罚执行机关等。"

这是一类反映法律关系及其应用情境的衍生定义，简称"法律定义"。主要揭示了监狱在刑事法律制度中所具有的地位和作用。它表明，在刑事法律制度中，监狱是一个区别于审判，且与审判构成司法功能关系（"审判—执行"或"法庭—监狱"）的部门；也是一个区别于死刑、肉刑及其他刑罚的行刑工具。它主要用于执行剥夺或限制人身自由的刑罚。

（3）衍生定义（Y3）："监狱是劳改工厂或劳改农场/监狱是一个特殊企业/监狱是由纳税人买单的公共物品/监狱是支付给犯罪的一种社会成本等。"

这是一类反映经济关系及其应用情境的衍生定义，简称"经济定义"。主要揭示了监狱在国家的宏观经济关系或国民经济活动中所具有的地位和作用。它提供了对监狱经济属性的多视角认识。比如，该组定义中的第一项"工厂说"和第二项"企业说"分别揭示了从计划经济年代到市场经济转轨年代，我国监狱在组织罪犯劳动生产活动中所担当的不同经济组织角色，具有明显的政治经济学色彩。需要指出，不同经济理论的观念和方法会对监狱的经济属性作出不同的描述和解释。比如，该组定义中的第三项是从公共经济学派的视角所观察到的现象。该学派将所有物品划分为公共物品和私人物品。根据公共物品的特征，监狱属于"公共物品"的范围。而第四项是基于"成本—收益"理论所得出的基本看法。

（4）衍生定义（Y4）："监狱是一个特殊的社会组织/监狱是一个特殊的社区/监狱是一个单性别社会/监狱是社会分工的职能部门等"。

这是一类反映社会关系及其应用情境的衍生定义，简称"社会定义"。主要揭示了监狱在一般社会结构中所具有的地位和作用。它体现了监狱作为社会的一个分工要素所承担的角色特征。由于社会学理论包含了多样的理论体系，不同理论体系的理论观点将给出不同视角的定义。比如，该组定义借助了社会学的"社会结构理论""社会组织理论""社会分工理论"等多个理论视角。

（5）衍生定义5（Y5）："监狱是刑罚精神的实践形式/监狱是刑罚观念的制度形态/监狱是刑罚文明的组成部分等"。

这是一类反映文化关系及其应用情境的衍生定义，简称"文化定义"。主要揭示了监狱传承文化意图，构造行业文化中的地位和作用。它从人类的刑罚精神与实践、观念与制度的关系，对监狱的文化属性提供描述。迄今为止，有关文化的观点见仁见智。一般认为，文化是精神文明和物质文明结合而成的文明形态。"文"是某种无形的人类精神，比如刑罚精神、教育精神、科学精神等。而"化"，即是无形化有形的物化创造。因此，从"文化"的这一认识出发，可以认为监狱是人类刑罚精神的制度体系及其实践形态。

（二）复合定义的分级排序

上述"复合定义"包含了一个关于监狱概念的知识结构，提供了一种如何处理监狱现象丰富性和复杂性的理论方法。需要进一步说明的是，在复合定义的诸多定义中，除了基本定义对于衍生定义具有"母定义"的地位和作用之外，从被国家刑事立法、刑事政策依赖的程度以及对社会的一般刑事文化观念造成的影响而言，各项衍生定义的刑事效用不尽相同。根据其发挥刑事效用的程度和影响不同，兹给予如下参考性的分级排序：

1. 一级定义

"一级定义"主要包括政治定义（Y1）和法律定义（Y2）两种。"一级定义"一般见之于国家的刑事政策和刑事立法文件，表达的是国家赋予监狱的基本刑罚职能。需要指出，在政法合一的国家，刑事政策上的"政治定义"通常就是刑事立法上的"法律定义"。因为专制国家的一级定义不论是否经由立法的确认，皆是政治定义，其法律定义不过是一种附庸定义。而法治国家由于政法权力分界，一级定义在其立法和司法保障之下就是法律定义。而介于两者之间的混合制或过渡制国家，需要结合具体情况分别而论。比如，在1954年8月26日通过的《中华人民共和国劳动改造条例》总则第2条中规定，监狱（劳动改造机关）"是人民民主专政的工具之一，是对一切反革命犯和其他刑事犯实施惩罚和改造的机关"。而在1994年12月29日通过的现行《中华人民共和国监狱法》总则第2条中则规定"监狱是国家的刑罚执行机关"。从两者具体表述的前后不同，可知转型期的国家政法关系和刑事意识形态已经发生了历史变化。

2. 二级定义

"二级定义"主要反映了一般社会科学研究和思想文化领域对于监狱现象的各种认识。其中，与监狱现象研究相关的哲学或社会科学各部门学科所给出的监狱定义，提供了二级定义的主要知识来源。需要说明，二级定义中究竟哪种衍生定义会对监狱的立法、司法和政策产生较大影响，甚至导向作用，取决于它是否适应特定国家的刑事意识形态选择。比如，在20世纪中国的刑事领域，由于预防刑思想占据了主导地位，因此，监狱除了保有"一级定义"的刑事惩罚属性，不同的"二级定义"与"一级定义"交替复合，构成具体而特定的"监狱定义"。比如，清末民初推行新政之后，采信以"教诲"为标志的道德意识形态，其定义为"监狱是一个惩罚与教诲相结合的机构"。中华人民共和国成立后，推崇以"改造"为标志的政治意识形态，其定义为"监狱是一个惩罚与改造相结合的机构"。20 世纪 90 年代改革开放之后，偏好以"矫正"为标志的科学意识形态，其定义为"监狱是一个惩罚与矫正相结合的机构"等。

3. 三级定义

"三级定义"是一些与监狱现象具有不解之缘的群体或个体，根据其自身独特的社会与人生经验，在其言论和创作中发表的一些有关监狱本质的经典性看法。这些看法丰富和启发了关于监狱属性的认识。比如，监狱是社会的缩影、监狱是犯罪的染缸、监狱是政体的牛角、监狱是衡量文明的标杆、监狱是通往自由的奇异之旅等，不一而足。这些看法经由不同途径的传播扩散，对于人们如何看待和评价监狱现象，不同程度地发挥了潜移默化的影响作用。

思考题

1. 监狱现象演变和发展的总体特征是什么？
2. 什么是监狱现象的基本属性和衍生属性？
3. 如何分析监狱现象的衍生属性？
4. 为什么认识监狱概念需要复合定义？
5. 如何理解监狱概念的基本定义？
6. 如何理解监狱概念的衍生定义？
7. 如何进行监狱概念的分级定义？

第二章 监狱实体论

内容提要

● 本章首先通过"实体"以及"本体"和"衍体"等概念的引进，介绍了认识监狱现象所必需的"二元复合论"和"三位一体论"。以此为理论工具，对监狱的实体结构及其功能，从监狱本体和监狱衍体的两个层面及其相互关系进行了分析。

关键词

● 监狱实体 监狱结构 监狱功能

第一节 监狱实体的含义

回答"监狱是什么？"需要探讨监狱的概念问题，而回答"监狱怎么样"需要探讨监狱的实体问题。如果说探讨监狱概念问题，是对监狱做"名"的抽象研究，那么，探讨监狱实体问题，则是对监狱做"实"的具体研究。通过从"名"到"实"及两者的结合研究，才能更好地认识和把握"监狱现象"的基本原理。

直观来看，任何一座监狱都具有一个相对独立的"实体"形态。监狱与其他事物以及监狱与监狱的不同，主要在于"实体"构成及其形态的差别。为了更好地认识"实体"现象，首先需要掌握"实体"分析的一般方法。

一、监狱实体的"二元复合论"

从哲学研究来看，现象世界是由无数实体组成的世界。面对各种"实体"，古代哲学家们首先提出的分析概念是"本体"。古希腊的自然哲学家们认为，变化不居的世间万物源自一种不变的"本体"。泰利士就认为这个本体是水，万事万物都源自水，最后又都复归为水。阿那克西曼德进一步将"本体"描述为"无限者"。德谟克利特认为本体是"原子"。毕达哥拉斯则认为本体是"数"，柏拉图则认为本体是"理念"等。与此相应，一切直观事物皆为"现象"。自希腊之后，西方文化基本上确立了二元对立的两个世界，即"本体"世界和"现象"世界[1]。从中国古代哲学来看，有关事物本质的思考不乏相似观点。比如道家有谓"道生于一"，"一"即为万物的"本体"，儒家有谓"止于至善"，"至善"即为善的"本体"，而名家有谓"白马非马"，"马"即为白马的"本体"等。总之，"本体"是隐含于实体并使"实体"这一现象赖以存在的"根基"或"本源"，是决定实体现象的在与不在、是与不是、变与不变的内在根据。从现代哲学的观点来看，所谓"本体"，就是任何实体事物之中体现普遍性、一般性的存在属性，是作为"必要条件"存在的自身规定性。以"监狱"为例，作为一个"实体事物"，其普遍性、一般性就是其"基本属性"，而其特殊性、个别性就是其"衍生属性"。与"基本属性"相对应的"监狱本体"是见之于监狱"基本结构、基本功能和基本效用"的三位一体特征，而与"衍生属性"相对应的"监狱衍体"是见之于"衍生结构、衍生功能、衍生效用"的三位一体特征。由此可知，监狱实体是"监狱本体 + 监狱衍体"的二元复合体。其中，监狱实体中的"本体"决定了监狱是监狱而不是"非监狱"，而"衍体"决定了甲监狱是甲监狱而不是乙监狱。总之，这一实体二元复合论（或曰"本/衍关系论"），对于分析"监狱实体"具有怎样的"本/衍"关系以及用以评价其合理性等，具有理论指导意义。

二、监狱实体的"三位一体论"

如果说上述"二元复合论"揭示实体事物包含了"本/衍"两个部分的话，那么，"三位一体论"则试图进一步解释是什么是监狱实体的"结构、功能和效用"以及三者具有怎样的相互关系。在"三位一体论"看来，"结构"是事物存在的物质基础，主要是由其核心要素所建构的稳定关系。"功能"是事物凭借其结构，作用于它事物的能力。而"效用"是一事物对它事物发挥功能作用之后所产生的效应。"结构、功能和效用"三者存在着这样的关系，即结构决定功能，功能决定效用。反之，效用来自功能，功能来自结构。换言之，有怎样的结构，就会有怎样的功能；有怎样的功能就会有怎样的效用。也可以说，怎样的效用取决于怎样的功能；怎样的功能取决于怎样的结构。这里需要补充说明，与自然事物的"三位一体"原理不同，人为事物的"三位一体"具有其逻辑建构的反向性。这是说，人类利用、制作或创造一个事物都是有"目的"的。人类之所以懂得如何制作或创造一个事物的结构，乃是因为知道为满足自己的效用需要怎样的功能。因此，"合目的"既是建构人为事物"三位一体"关系的前提，也是评价其是否具有合理性的依据。以监狱为例，人们首先是为了报应犯罪（基本

---

〔1〕 如需进一步了解柏拉图的理念学说和亚里士多德的实体学说，可参见由汪子嵩、范明生、陈村富、姚介厚等编写的《希腊哲学史》第二卷和第三卷的相关章节。

效用），才利用或创制能够实施"监禁惩罚"（基本功能）的封闭设施（基本结构）。当人们不仅为了获得报应犯罪的效用，而且想要实现预防犯罪的效用时，就在原有的封闭设施中增加可以进行教育、劳动、改造或矫正等（衍生功能）活动的教学楼、生产车间和心理诊所等附加设施（衍生结构）等。总之，在"二元复合论"的认识基础上，"三位一体论"对于进一步分析监狱实体的具体构造及其合理性，具有理论指导意义。

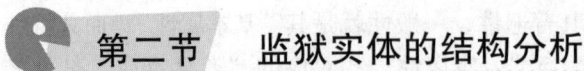

第二节　监狱实体的结构分析

根据上述"二元复合论"和"三位一体论"的分析方法，以下拟从监狱本体和监狱衍体两个方面，对监狱实体作结构及其要素分析。

一、监狱本体的结构分析

监狱本体的"基本结构"是由行刑对象（A）、行刑者（B）、行刑设施（C）和行刑目的（D）四个纯粹的基本要素所构成的"相互关系"。这四项基本要素不妨简称为"A、B、C、D"。其中，A、B、C 为有形要素，D 为无形要素（参见图 2－1）。

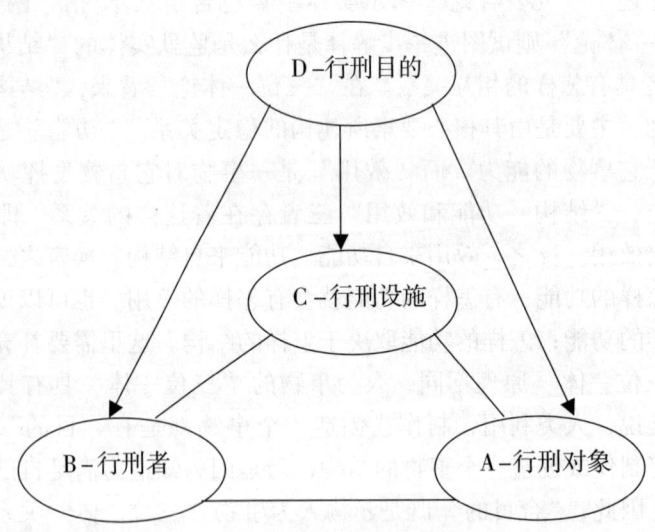

图 2－1：监狱实体的基本结构

分析以上监狱本体的"基本结构",可知其具有如下主要特点:

(一)刑事逻辑的自足性

第一,图2-1"行刑对象(囚犯)、行刑者(看守)和行刑设施(监牢)"三项有形要素之所以发生结构关系,是因其各要素之间相互依存,即"囚犯"需要接受监禁刑罚,而监禁刑罚的执行需要"看守",看守执行监禁刑罚需要"监牢","监牢"需要囚犯和看守才成其为"监牢"。由此可知,这三项有形要素的相互联系具有逻辑自足性。

第二,图2-1一项无形要素和三项有形要素之所以发生结构关系,是因其包含了"目的和手段"的相互关联。其中,一项无形要素作为"目的性"要素,是自变量,三项有形要素作为"手段性"要素,是应变量。在目的和手段之间,具有刑事逻辑的自足性,即"监禁报应"目的的实现需要监禁刑罚的手段;监禁刑罚的手段应用为了实现监禁报应的目的。

(二)刑事逻辑的单纯性

图2-1"基本结构"的每一要素都具有单纯如一的要素禀赋:行刑目的单纯,只是单纯报应犯罪,行刑对象单纯,只是一个被监禁的囚犯。行刑者单纯,只是一名看守。行刑设施单纯,只是监禁设施。

总之,如果一个实际存在的"监狱实体",仅仅包含了一个上述的"基本结构"。那么,这个"监狱实体"从学理上可以称之为"本体监狱"。"本体监狱"是一个刑事逻辑自足和单纯的监狱。在中外监狱发展的历史上,符合"本体监狱"这一理论原型的"监狱实体"案例比较少见。由杰雷米·边沁于1789年设计的"圆形监狱"虽属纸上谈兵,却提供了难得的近似案例(参见图2-2)。

在这一著名的设计例证中,除了可以看到一个圆形的单纯监禁机构外,没有任何多余的衍生附加物,比如没有工厂、农场或学校,没有会堂、球场或心

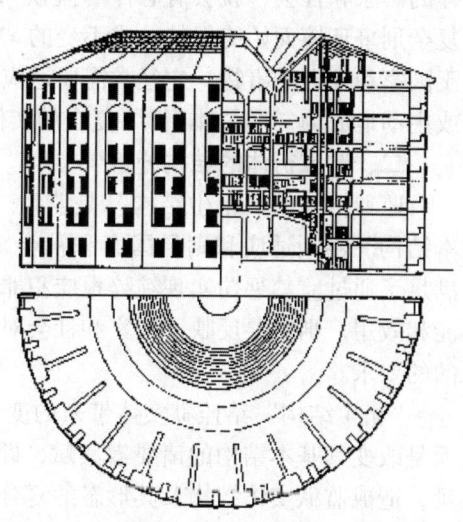

图2-2:杰雷米·边沁于1789年设计的"圆形监狱"草图

理诊所等。参照"圆形监狱"设计的实际建筑例证是1921年建于美国伊利诺斯州的斯坦特维拉"圆形监狱"(参见图2-3)。

图 2-3：建于 1921 年的美国伊利诺伊州斯坦特维拉 "圆形监狱"

这个实际建成的 "圆形监狱" 现已停止使用。其主要原因是单纯报应的监禁效用不能满足国家和社会希望实现多元刑罚目的的行刑要求。这是说，"有怎样的国家和社会，就会有怎样的监狱"，监狱不可能脱离由国家和社会所决定的复杂刑事环境而始终保持一成不变的 "基本结构"。换言之，监狱不是一个独立于国家和社会的事物，它经常需要适应和接受外部世界的影响和作用，从而被动或主动地成为一个 "本/衍" 复合的实体结构。

二、监狱衍体的结构分析

监狱衍体的 "衍生结构" 是监狱 "衍生属性" 的结构表现，它是凭借 "基本结构" 不断适应和满足国家和社会需要的产物。如果说监狱的 "基本结构" 满足了通过监禁惩罚实现纯粹报应犯罪的初始目的，那么，"衍生结构" 及其功能和效用，则主要反映了国家和社会对监狱应当发挥预防犯罪目的或修复犯罪目的的要求。

"衍生结构" 给监狱实体带来的变化不是改变其 "基本结构" 的固有关系，而是改变其基本结构的诸要素禀赋，即通过改变 "A、B、C、D" 的内涵及其外延，造成监狱实体结构及其形态的复合改变，从而改变其刑事逻辑的自足性和单纯性。其变化特点如下：

第一，从要素内涵的变化逻辑来看，如果说 "基本结构" 的要素是纯粹的 "A、B、C、D"，那么，从 "基本结构" 到 "衍生结构" 的变化就是 "A > A'　>A"……"、"B > B'　>B"……"、"C > C'　>C"……"、"D > D'　>D"……"。从中可见其要素变化逐渐从单纯趋于复杂。

第二，从要素关系的变化逻辑来看，变化首先是从 "行刑目的"（D）开始

的。由于该项无形要素与其他三项有形要素存在"目的和手段"的自变与应变关系，因此，当这一无形"目的"要素的内涵发生变化，比如从报应到预防或修复的复合变化之后，行刑对象、行刑者和行刑设施等三项"手段"要素的内涵亦随之出现与之相应的复合变化。

三、监狱结构的要素分析

如前所述，"结构"是由"要素"所构成的某种相对稳定的关系。因此，如果希望对监狱实体的结构问题加深认识，那么，在"结构分析"的基础上，对其所辖的各项要素的内涵及其变化作进一步了解便是必要的。

（一）"行刑对象"分析

"行刑对象"是对被刑罚执行对象的一个学理称谓。在刑罚或监狱制度中，这一对象的通俗叫法是"囚犯"或"罪犯"。在不同社会历史时期或不同刑罚文化情境中，作为行刑对象的囚犯，有各种不同或雅或俗的名称。比如，古代有人犯、罪隶、刑囚、囚徒、犯人等名称，现代有在押犯、劳改犯、犯人、犯罪分子、服刑人员、在囚人士等名称。近代西方国家，通称"囚犯"为"Prisoner（被囚者，尤指'狱囚'）"。进入到现代，比较常见的是"Inmate（狱囚）"，也有更口语化的前卫叫法，比如在澳大利亚监狱系统，有称行刑对象为"客户"。撇开国家和社会是何种刑罚文化背景，不管被监禁对象的具体称呼如何，考虑讨论问题的方便，这里姑且统一为"行刑对象"这一学理名词。

自进入现代之后，"行刑对象"这一要素的内涵发生较大变化，除了行刑对象自身构成的复杂化，一方面与社会文化环境的发展，尤其是囚犯观念的变化有关，另一方面也与国家意识形态的演变，尤其是行刑目的的变化有关。为了实现行刑个别化或管教精细化的目的，深入认识"行刑对象"这一要素的人格内涵似乎已经变得必不可少。近年来，国内用以分析"行刑对象"这一要素的一般方法，包括两个层面：一是在实务运作层面。为了了解罪犯基本情况，主要依靠常规化的档案统计调查分析。就是根据不同的需要，借助行刑对象的性别、年龄、案由、刑期、籍贯、家庭、学历、职业、健康状况、犯罪前科等档案资料，进行统计调查分析。二是在应用研究层面。为了了解罪犯的个性心理或社会心理，主要采取多种常用心理测量工具，比如艾森克个性问卷调查、卡特尔16人格特性测量、明尼苏达多相人格量表、TAT默里主题统觉测验、罗夏墨迹投射测验等手段，用以诊断罪犯人格特征或评估再犯风险。由于这类辅助的心理研究工具存在固有缺陷，其临床应用的实际成效比较有限。除了心理评估方法，社会学方法也有所借用，比较常见的是经验分析及自制各种问卷调查，主要对罪犯群体行为、组织文化，尤其是监狱亚文化现象，即罪犯适应其监禁生存的需要所自发形成的一套价值标准、行为体系，包括潜规则、禁忌、暗语、非言语符号等对罪

犯服刑人格的影响机制研究，比如它对主流文化的对抗性和消解性，或对于缓解监禁惩罚造成的人格扭曲或异化效应等。总之，现代刑罚对行刑对象的内涵认识，不再仅仅借助于满足一般报应需要的"规范性知识"，而且热衷于模仿自然科学的定量研究方法，根据不同的目的，将"行刑对象"的人格内涵通过构建不同的指标体系，用以描述和整理能够满足预防犯罪需要的所谓"实证性知识"。不过，需要指出，由于其"实证知识"的研究与生产，存在混淆自然科学和社会科学的不同性质及其"定性量化"成果难以进行实证检验等原理或方法缺陷，因此，迄今关于行刑对象的"实证知识"应用良莠不齐，真伪莫辨，信效度不尽人意。

(二)"行刑者"分析

与行刑对象一样，行刑者的角色由于历史变迁而有不同称谓。比如，古代有押解、狱卒、狱吏、管狱、提牢等称谓，现代有看守、典狱、狱警、劳改干部、矫正官等称谓。尽管这些称谓驳杂多变，但从学理规范来看，皆可纳入"行刑者"这一概念。与行刑对象的内涵复杂化相同步，监狱行刑者的内涵构成也与时俱变。从角色定位看，现代行刑者除了从事"监管安全"这一与传统含义比较近似的日常"看守"工作，还分担多重角色，他或是狱政管理者、矫正教育者、心理咨询者，或是刑罚执行者、行政执法者、民事调解者等，不一而足。从素质要求看，现代行刑者根据分工和岗位的不同，一般会有学历资格和职业资格的相应要求。比如，中国大陆地区监狱目前原则上要求所有入职人员均需达到大学专科文化程度以上。与中国香港监狱行刑者相比，香港监狱职员因其分工更细、专业化程度更高，入职学历要求体现了分类、分层、分岗的多样化。比如，承担安全警务类工作岗位的入职学历起点只需高中，而其负责管教督导类工作的岗位，其入职学历起点则在本科以上。从管理体制看，由于国情和政体使然，中国大陆地区监狱不仅设置监狱长、监区长、分监区长等行政管理岗位系列，还设置了党委书记、政委、教导员、指导员等与之并行的政治管理岗位系列。党政结合组织与人事管理结构，决定了中国大陆地区监狱的行刑者队伍具有政治与业务二元复合构成特点。从职业心理看，由于不同的政治体制及其意识形态的影响，中国大陆地区监狱行刑者普遍存在"政治服从意识"强于"专业技术精神"的职业心理特点。

(三)"行刑设施"分析

行刑设施是监狱用以监禁囚犯的物质手段，其最具象征性的标志是"监狱建筑"。这一要素的自然属性是其结构的"封闭"、功能的"隔离"和效用的"囚禁"。无论是古代的画地为牢，还是现代的高墙电网，皆是凭借了自然属性，才满足了执行自由刑（剥夺和限制人身自由）的社会属性。换言之，古今中外的监狱实体，首先以其自然属性作为行刑设施的基本属性，然后因其式样、形态等的不同而显示社会效用的差别。

根据二元复合论，现代监狱的行刑设施可以相应地分为基本设施和衍生设施两部分。基本设施是指体现监狱基本属性的本体结构要素。主要包括周界设施（围墙电网等）、监控设施（监管楼宇、电子探头、门禁系统等）、内务设施（监房、监舍、活动室等）、行政设施（办公室、会议室等）、保障设施（会见室、医务室、禁闭室、伙房、盥洗室、配电室等）等满足监禁惩罚所必需的监狱建筑设施及其配套设备。虽然不同时代的监狱行刑设施受生产力发展状况和刑事文化传统的制约，其材料、工艺、技术、理念、样式、形态等虽不一而同，但无不体现了监狱行刑设施的本质结构特征，即封闭性。而衍生设施是指体现监狱衍生属性的衍体结构要素。以目前中国监狱为例，其中最为典型的衍生行刑设施，主要是用于"劳动改造"的劳动生产场所和用于"思想改造"的教育教学场所以及用于心理矫治心理咨询场所等。

（四）"行刑目的"分析

归纳起来，迄今为止的主要"行刑目的"不外乎报应、预防和修复三大目的。其中，根据每一目的的不同内涵，还可作进一步分析。比如，"报应目的"可分为"等害报应"和"等价报应"，"预防目的"可分为"一般预防"和"个别预防"，"修复目的"又可分为"和解修复"和"补偿修复"等。近现代"刑罚目的"变化的一个显著特点是从单纯报应的"单一目的"，逐渐演变成为二元或多元的"复合目的"，主要包括"报应＋预防"的"二元复合"和"报应＋预防＋修复"的"三元复合"两种典型的复合关系。

若问"行刑目的"这一无形要素与监狱结构具有怎样的关系？那么，不妨说，有怎样的"行刑目的"，就会有怎样的"监狱结构"，"行刑目的"有多复杂，"监狱结构"就有多复杂。总之，"行刑目的"这一无形要素对于监狱结构的形成与变化具有直接调控作用。

第三节　　监狱实体的功能分析

从"二元复合论"和"三位一体论"的分析方法可知，监狱实体不仅具有基本和衍生的复合结构，而且具有与之相应的复合功能。对监狱实体而言，功能的重要性在于，它是结构和效用的桥梁。没有功能，结构没有存在的意义，而没有功能，效用也无从产生。

一、基本功能

凭借"基本结构"的封闭性，监狱具有将"人"（或其他生物）加以"监禁"的自然功能。其作用表现如下：

（一）隔离

将行刑对象与其所属社会相隔离，使之无法与之接触和交流，从而实现报应犯罪的效用。监禁的隔离性体现在：一是通过高墙、电网、岗楼等实现与监狱外部的完全隔离；二是通过监区、分监区、监舍等不同层级的监管居住单元设置，实现监狱内部的分区分级隔离。

（二）控制

借助上述隔离，将行刑对象"定点"控制，通过明确的"定点"控制，严格剥夺和限制行刑对象的人身自由。因此隔离手段，也是控制手段。

二、衍生功能

根据基本功能与衍生功能的复合关系，分析近代以来国家和社会赋予监狱的各种刑事衍生职能，可以将监狱的"衍生功能"分为两类：一类是固有"衍生功能"（Ⅰ），二类是强制"衍生功能"（Ⅱ）。

（一）固有"衍生功能"（Ⅰ）

监狱凭借"监禁"这一基本功能所固有的衍生功能，主要包括惩罚功能和威慑功能：

1. 惩罚

监狱凭借"监禁"的基本功能可以承担多种衍生功能，比如可用以羁押待审的犯罪嫌疑人、未决的刑事犯人或死刑待决的刑事犯人，也可用以拘留行政处罚对象或收容民事债务人等。不过，自"自由刑"诞生之日起，监狱的法定刑事功能日渐明确，主要是运用"监禁"对判决自由刑的犯人实施"剥夺和限制人身自由"的"惩罚"。这一法定的"监禁惩罚"功能导致监狱之所以为监狱，即监狱不同于收容所、戒毒所、拘留所等其他羁押机构的实质所在。"惩罚"不仅直接依靠"监禁"实现，而且可以通过调节监禁时间的长短和宽严适应罪刑关系变更的需要。因此，在现代刑事司法制度中，"自由刑"的惩罚不再是一个静态的概念，包含了如何协调原判惩罚正义和变更惩罚正义的平衡正义机理。

2. 威慑

监狱的威慑功能派生于惩罚功能，但与惩罚功能发挥报应犯罪效用不同，它发挥的主要是预防犯罪效用。威慑功能的主要作用在两个方面：一是指被执行自由刑的罪犯由于感受监禁惩罚的痛苦而产生不敢或不能重新犯罪的心理效应。此种功能效用被称之为"特殊威慑"。二是指对服刑罪犯所实施的监禁惩罚，对于未犯罪或可能犯罪的人群产生惧怕犯罪或遏制犯罪的心理效应。此种产生"杀一儆百"心理效应的功能效用被称之为"一般威慑"。

（二）强制"衍生功能"（Ⅱ）

国家为了实现报应犯罪之外的刑罚目的（效用），通过刑事立法或刑事政策，强制赋予监狱实现除了固有衍生功能之外的一系列刑事功能，被称为强制衍生功能。这类功能虽以监禁为前提条件，但却必须通过在"基本结构"上新增和叠加特定的"衍生结构"才能实现超刑罚功能。它们主要是用以满足实现预防重新犯罪或修复犯罪损害等行刑目的的利益诉求。强制衍生功能包括感化功能（刑事宗教功能）、教诲功能（刑事道德功能）、改造功能（刑事政治功能）、劳役功能（刑事经济功能）、矫正功能（刑事医学功能）、和解功能（刑事民事功能）、维稳功能（刑事政保功能）、康复模式（刑事综合功能）等。近代以来在中国监狱行刑发展过程中，先后流行并占主导地位的强制衍生功能主要有清末以后自日本继受的教诲功能（刑事道德功能）、1949 年以来自苏联引进的改造功能（刑事政治功能）、1985 以来自欧美移植的矫正功能（刑事医学功能）以及不同历史阶段都存在的劳役功能（刑事经济功能）等。

最后说明，了解上述基本功能和衍生功能以及固有衍生功能和强制衍生功能的基本关系，对于分析某一监狱实体具有怎样的功能构成，尤其是鉴别该监狱属于何种"行刑模式"等，具有指导意义。通常，判断监狱拥有何种"行刑模式"，主要看其最具特色的"功能"是什么或其功能组合的主要特征是什么。比如，按照"监禁"的基本功能特征，监狱有"单纯监控模式"（刑事安全模式）；按照固有衍生功能的特征，监狱有"野蛮惩罚模式"（刑事人治模式）、"正义惩罚模式"（刑事法治模式）；按照强制衍生功能的特征，监狱有"感化模式"（刑事宗教模式）、"教诲模式"（刑事道德模式）、"改造模式"（刑事政治模式）、"矫正模式"（刑事医学模式）、"劳役模式"（刑事经济模式）、"和解模式"（刑事民事模式）、"维稳模式"（刑事政保模式）、"康复模式"（刑事综合医学模式）等。

思考题

1. 什么是监狱实体？什么是监狱本体？什么是监狱衍体？
2. 什么是监狱实体的"二元复合论"？
3. 什么是监狱实体的"三位一体论"？
4. 如何分析监狱的实体结构？
5. 如何分析监狱的实体功能？
6. 认识监狱实体的"本/衍"关系有什么意义？

第三章　监狱类型论

内容提要
● 本章讨论了监狱类型的概念及其意义，介绍了监狱分类的基本方法，包括学理和实务的分类体系，提出了优化监狱分类应用的主要原则等。

关键词
● 监狱类型　分类方法　优化原则

第一节　　监狱类型的含义

一、监狱类型的概念

为了便于理解监狱类型，有必要首先简要介绍一下有关类型的认识。类型是对事物进行分类的结果。所谓分类，是将具有相同性质和特征的事物划分为同类事物的方法。对事物进行分类研究，可以形成关于该事物总体构成及其相互关系的基本认识。可以说，人类关于客观事物的知识体系就是一个由不同知识类型构成的分类知识体系。门捷列夫本人曾说过"没有分类，即无科学"。由他创始的"化学元素周期表"体系，或瑞典生物学家林奈等人提出的"界、门、纲、目、科、属、种"的生物分类知识体系等，为科学知识分类提供了典范样本。从实用的领域看，分类也是必不可少的方法。比如，人所皆知的交通工具分类体系，则是工程专家们根据结构、功能和效用的基本特征，将所有交通工具分为"车辆、舰船、飞行器"等，将其中的"车辆"又分为"机动车、非机动车、其他"，再将"机动车"分为"列车、汽车、摩托车、其他"，再将"列车"分为"蒸汽机车、内燃机车、电动机车、其他"，最后将"电动机车"分为"普通电动机车、高速电动机车、磁悬浮电动机车、其他"等。总之，依此类推，人们最终形成有关"交通工具"现象的分类体系。

综上可知，监狱类型是根据监狱实体特征的同异，考察和比较古今中外"监狱"这一事物总体现象，对之进行事实和学理的分类划分所得到的结果。

二、监狱分类的意义

通过研究监狱实体现象的个别与总体特征，划分其相应的类型和等级，形成关于监狱的分类知识体系，具有理论和实践两方面意义。

（一）理论意义

理论意义可以分为两个方面：一是理论认识意义。即通过对古今中外的监狱现象进行分类整理，可以了解监狱现象的个体和总体的结构关系，形成体系性的理论认识。"监狱类型"是对监狱现象进行归类分型研究的结果。质言之，它是对监狱现象的事实表现特征及其种属关系的研究，只有尽可能多地发现和掌握监狱现象的样本特征，才能作出接近总体的分析、归纳，从而形成比较可靠的体系认识。这是说，它要求从对象出发，实事求是地发现其特征的共性与个性，从而形成某种综合的理论知识。二是理论指导意义。主要是说关于监狱类型构成及其体系的理论知识，不仅对于进一步丰富和完善监狱类型的后续研究具有指导意义，而且对于认识现实中的监狱类型现象，提出改进和评价意见，也具有理论指导意义。

（二）实践意义

实践意义也可以分为两方面：一是宏观指导意义。主要是有助于合理规划监狱类型的分类构成实践体系。由于有关监狱类型及其体系的基本理论概括和揭示了各种监狱类型的典型特征及其相互关系，因此，作为标准参照系，它对于监狱的宏观布局和监狱制度改革，尤其是通过合理配置监狱类型，对科学规划一国或一省监狱类型的分类构成实践体系具有直接的指导意义。二是微观指导意义。主要是有助于监狱认识自身的类型定位，尤其是从监狱行业分工与专业化的角度更好地分类建设监狱，保证监狱在刑罚执行中履行分工的职责与任务。须知任何一个具体的监狱，都有自己的类型定位。男性监狱和女性监狱，成年监狱和少年监狱，重刑监狱和轻刑监狱，普通监狱和特别监狱等不同监狱类型，在遵循行刑一般要求的基础上，具有特殊的行刑要求。一个类型定位不明的监狱是一个职责与任务定位不清的监狱。这样的监狱将会在决定收押对象、警戒程度、人员配置、经费预算等方面，既会面临种种运作管理困难，又无法建立与其他类型监狱的有效协作关系，从而必定影响其刑罚执行的效能。

第二节　监狱的分类方法

经过漫长的历史发展，监狱这一人为事物的形态特征变得日趋复杂，这既给认识监狱分类问题提供了客观依据，又给如何建构分类构成体系提出了难题。监狱不是一个自然事物，具有明显的历史文化差异，实际具有不同的实体现象。从监狱存在或其立法的实际看，到目前为止，并不存在一种为世界各国所普遍认同和适用的标准分类体系。

以下关于监狱的分类认识，提供了事实分类和学理分类两种基本方法。其中，"事实分类"是根据某时某地的立法实际及其行刑实践进行事实整理所得到的分类认识，而"学理分类"是对事实分类进行学理比较和概括所得到的分类认识。

一、监狱的事实分类

研究各国监狱立法、司法制度的历史和现实，可以发现实际存在的监狱分类及其结果，往往是适应本国刑事司法和行政组织体制的历史传统和现实需要的产物。换言之，这是与学理分类产生根据和效能迥然不同的事实分类现象。事实分类不是纯粹知识理性的产物，而是各种现实力量博弈的结果。确切来说，它是社会选择的产物。

事实分类的出现有其历史或现实依据。比如，从监狱分类的起源看，我国监狱的事实分类现象最早可追溯西周。西周时期的监狱约有三种类型，即囹圄、圜土、犴狱等；秦统一中国后，监狱有了明确设置；汉代以后渐趋繁复，有了中央各部监狱和地方衙门监狱的分别；隋唐至明清，历代关于监狱分类大都有相沿成习的法律依据。当然，需要说明的是，古代监狱实际分类的内涵与现代不尽一致。自清末以来，中国监狱制度开始步入近现代化，在《大清监狱律（草案）》的立法中曾仿照日本的狱制，将清末的改良监狱分为徒刑监、拘役场、留置所三类。中华人民共和国成立以后，1954年9月由政务院颁布实施的《中华人民共和国劳动改造条例》规定，监狱的种类有看守所、监狱、劳动改造管教队、少年管教所等四类。1994年12月颁行的《监狱法》虽然没有在总则中规定监狱的种类，但第39条对分类作了如下指示性规定：监狱对成年男犯、女犯和未成年犯实行分开关押和管理。这是说，被立法所确认的一级分类监狱主要有男子成年监狱、女子成年监狱和未成年人监狱。

国外监狱的事实分类现象因为年代和国别不同而比较复杂，难以在此一一尽述。比较监狱学的研究一般认为，国外现代监狱的事实分类现象始见于近代监狱改良先驱的西班牙、荷兰等国。1519年，西班牙开始从制度上实行男女犯人别狱而押。1598年，荷兰将阿姆斯特丹市内的维兹拉修道院改设为"女子劳动教养院"；1602年，又设立"少年感化院"。这是近代监狱分类细化的制度例证。不过，这一时期的监狱分类主要是自然分类或基本分类，即主要是按罪犯的性别和年龄等自然结构属性所作的一级分类。此后几百年间，世界各国改良监狱除了根据年龄、性别之外，逐渐增设了一些功能性的监狱分类形式。比如，根据犯罪的性质和危害影响的程度，设置特别刑事监狱；或根据刑期轻重和危险性大小，设置重刑和轻刑有别的普通刑事监狱。20世纪以后，监狱分类制度已成为世界各国监狱行刑法制度中不可或缺的立法规范内容。当今世界许多国家在其监狱法或刑事执行法中不仅规定了监狱类型（种类），而且其监狱分类有层级发展的趋势。如美国监狱制度不仅出现了高度戒备监狱、中度戒备监狱、低度戒备监狱，还出现了开放监狱、男女混合监狱、未成年犯监狱、私营化监狱等不同类型，以及普通病犯监狱、精神病犯监狱、艾滋病犯监狱、交通犯监狱等专门监狱。

由上可知，从立法规定和实际应用的情况看，中外监狱的事实分类除了发达国家有比较多样化的分类实践，发展中国家大多处在初级或一级分类水平。事实上，监狱事实分类的程度和水平主要与国家财政的保障能力和刑罚文化的文明程度有关。这里需要说明，监狱制度的复杂性主要不取决于实际分类标准的细化，而是源于监狱行刑模式的多样化。的确，在刑事理性化的背景下，当今监狱实际分类的规范性和合理性，尤其是与罪犯分类、区域布局等的适配性和协调性等，还有待通过学理分类研究予以改善和优化。

二、监狱的学理分类

结合事实分类的基本经验，以监狱实体的二元复合论为指导，将监狱类型分为"基本类型"和"衍生类型"，由此构成监狱实体的学理分类体系。

（一）基本类型

基本类型是根据监狱实体的基本属性所划分的类型。分析"监狱实体"的结构、功能和效用的基本属性，特别是其结构属性所包含的行刑对象、行刑设施、行刑者等要素特征，可得以下分类结果：

1. 根据行刑对象的性别差异、年龄长幼、刑期轻重、犯罪性质等特征，可分为：

（1）男犯监狱/女犯监狱。

（2）成年犯监狱/少年犯监狱。

（3）重刑犯监狱/轻刑犯监狱。

（4）未决犯监狱/已决犯监狱。

（5）特别刑事犯监狱/普通刑事犯监狱。

2. 根据行刑设施的规模大小、警戒程度等特征，可分为：

（1）大型监狱/小型监狱。

（2）高度设防监狱/低度设防监狱。

3. 根据行刑者的职能构成等特征，可分为：单纯监禁型监狱/复合监禁型监狱。

上述分类采用典型的二分法。从实际应用情况来看，不乏属于某种中间状态的混合监狱类型。比如，在男犯监狱和女犯监狱之间，有男女混合监狱；在大型监狱和小型监狱之间，有中型监狱；在高度设防监狱和低度设防监狱之间，有中度设防监狱等。此外，上述监狱类型的某些具体分类指标，各国的立法规定也有所不同。比如，关于监狱的规模，发达国家和欠发达国家的指标存在明显差异。根据 2010 年 9 月发布试行的《监狱建设标准》规定，我国监狱分为小型、中型、大型三种监狱规模类型。小型监狱人口在 1000 ~ 2000 人；中型监狱人口在 2001 ~ 3000 人；大型监狱人口在 3001 ~ 5000 人[1]。而发达国家，如欧美等国的大型监狱规模，约等于我国的小型监狱规模，中型监狱在 500 人左右，而小型监狱规模一般在 200 人以下。

（二）衍生类型

衍生类型是根据监狱实体的衍生属性特征所划分的类型。分析"监狱实体"的衍生属性特征，特别是监狱所隶属的具体社会、文化关系，可有以下分类结果：

第一，根据历史关系，可分为：古代监狱/现代监狱。

第二，根据行政关系，可分为：中央监狱/地方监狱。

第三，根据经营关系，可分为：公营监狱/私营监狱。

第四，根据产业关系，可分为：工厂监狱/农场监狱。

第五，根据职能关系，可分为：普通监狱/专门监狱。

上述分类同样采用了典型的二分法。从实际应用来看，诸多监狱类型属于某种中间状态的混合类型。比如，在古代监狱和近代监狱之间，会有"近代监狱"，甚至更细深的划分，比如"近现代监狱"；在"中央监狱"之下的"地方监狱"，可以细分为"州省监狱"和"县市监狱"；在"公营监狱"和"私营监狱"之间，可有部分承包的"不完全公营的监狱"；在"工厂监狱"和"农场监狱"之外，可以有"劳务型监狱"；在与"普通监狱"相对的"专门监狱"中，包括了矫治监狱、医疗监狱、战俘监狱等。总之，上述学理分类的相对性是显而易见的。

---

〔1〕 详见《监狱建筑标准》，该标准是在对中华人民共和国于 2002 年 6 月发布的《监狱建设标准》进行修订的基础上，由中华人民共和国住房和城乡建设部、中华人民共和国国家发展和改革委员会联合批准发布的新版标准。

 **第三节 监狱的分类优化**

一、分类优化的基本概念

研究监狱的分类优化是推进监狱制度现代化的必然要求。在古代，人类社会处于自然经济状态，受地域行政管辖的限制，监狱只是简单、粗放的社会管理工具，呈现自然分布状态。随着现代社会治理的不断深化和细化，监狱分类构成体系已经成为构建现代国家和社会治理体系的组成部分。

考察中外监狱的分类发展状况，可以发现一个显著特点是分类构成体系及其应用的日趋细化。这一特点主要源自有关行刑对象研究的深化。自近代以来，伴随社会科学发展，借助犯罪学、刑罚学、心理学、教育学、管理学、社会学等各种学科理论与知识，针对行刑对象的犯罪原因、服刑特点、人格差异和再犯风险等问题，提供了越来越多的理论解释和技术工具，推动了监狱行刑管理模式向精细化和专业化发展。在主要发达国家，除了推进不同安全戒备等级的监狱类型，各种专门监狱类型也不断发展。比如，法国除了设置全国统一的新犯监狱，还设置了收押老年犯和各种慢性疾病犯人、残废犯以及精神病犯等多种独立医疗监狱和独立医疗监区。在日本，为了专门治疗躯体残疾和精神疾患的犯人，特设了 5 个医疗矫治中心，并使之与各地区监狱的分类治疗形成网络化的指导关系。在美国，由于各州拥有更多的立法和司法自主权，各种小型监狱类型，包括私营监狱、专门医疗监狱、心理矫治中心、强制戒毒机构等，比其他国家呈现了更加典型的深细化发展特点。近年来，伴随监狱制度的改革与发展，在我国某些沿海发达地区的部分省市也开始了独立设置新收犯监狱、精神病犯监狱、高度戒备监狱等新型监狱类型的探索和实践。

总之，所谓监狱的分类优化主要是指依照学理分类方法和体系为指导，结合时代、国别和区域的具体应用条件，对监狱事实分类体系不断进行优化，从而形成分类和配置更加合理的监狱类型构成体系。

二、分类优化的主要原则

监狱的分类优化是一项复杂的社会系统工程，涉及多种相关因素的协调管理。这里仅从优化决策应用思维的角度，提出以下若干原则：

（一）对象性原则

必须考虑是否符合刑罚执行对象的分类构成情况。因为罪犯的分类构成是监狱分类的主要客观依据，它不仅决定了监狱分类的实际需求，也决定了监狱分类构成体系中各类型的比例关系。

（二）目的性原则

必须考虑是否有助于实现国家对刑罚执行的价值追求，即有助于实现刑事立法和刑事政策所预设的行刑目的。因为刑罚执行目的及其效果预期提供了推进监狱分类的主观依据，对于划分和建构不同功能特征的监狱类型将产生重要的指导作用。

（三）整体性原则

必须考虑是否有助于提升合理布局和有效管理的整体效能。一个相对独立的监狱分类构成体系将决定能否承载所属地域全部刑罚执行对象并进行有效的流动配置管理。国家或地区的监狱行政主管部门将根据其搭建的监狱分类构成体系对行刑对象的收押、交换，行刑者的配备、管理，行刑设施的运作、建设等实施宏观指导和调控，以便最大限度地发挥刑罚执行的整体运行效能。所以，必须在决策制定之时自觉把握整体性原则。

（四）差异性原则

虽然监狱的分类优化必须考虑整体性原则，但监狱类型的差异性又是考虑整体性的前提之一。只有充分保障各种监狱类型的功能个性，才能形成合理的整体格局，产生类型配置的优化效能。这是说，不能满足差异性的整体性将使监狱分类失去基本的意义。因为，从根本上来说，监狱分类优化的目的是使刑罚执行系统更好地适应多样化行刑实践的需要。

思考题

1. 什么是监狱类型？监狱分类有什么意义？
2. 简述监狱分类的主要方法，事实分类和学理分类有什么区别。
3. 监狱学理分类提供了怎样的分类体系？
4. 为什么要对监狱分类进行优化？优化分类的主要原则是什么？

第四章 监狱制度论

内容提要

● 本章讨论了监狱制度的含义及其特点，介绍了构成监狱制度体系的三大核心制度，即行刑基本制度、行刑保障制度、行刑监督制度等的含义及其内容，阐述了监狱制度建设的有关问题。

关键词

● 监狱制度 监狱制度构成体系 监狱制度的传承与创新

第一节 监狱制度的含义

一、监狱制度的概念

"制度"一词的含义复杂，一般是指以体制、模式、风俗、习惯、法律、规章、协议等为表现形态的具有规范特征的人类社会关系。制度的实质是人类为了生存和发展而进行合作和竞争所形成的行为规范。而行为规范，主要是指以其"应为、可为和勿为"等明示或暗示的形式，对特定社会关系主体的相关行为进行确认和调整的方法。

制度是人类能够"社会性"地生存的必要条件，是人这一物种所特有的相互关系。它既表征了人类的社会交往及其规则意识，标志了人作为主体用以建立和适应社会的基本策略，又显示了人类行为及其相互关系的组织形式，体现了人类社会运行的具体程式。总之，制度是人类个体与个体、个体与群体、群体与群体之间既彼此依赖又相互制约的一套简单或复杂的共生关系。

监狱制度是关于监狱行刑社会关系的规范体系，作为人类社会制度体系及其法律制度体系的组成部分，既具有一般制度的共性，又有其个性。就个性而言，它是建构、确认和调整监狱行刑关系和行为的一整套规范体系。广义来说，可以是指整个自由刑执行的社会分工现象，如同称谓政治制度、法律制度、教育制度、医疗制度等一样。狭义来说，是指为组织和实施自由刑执行活动的立法和司法规范总和，主要包括监管安全制度、刑罚执行制度、狱政管理制度、罪犯教育

制度、罪犯劳动制度、行政保障制度等主要制度系列及其下辖或关联的各级制度。

比较其他社会制度或法律制度下的其他制度，监狱制度具有下列一般特征：

第一，它是自由刑执行的规范体系。由于自由刑执行依赖复杂的监禁行刑方法，监狱既是实施监禁行刑的物质设施，又是组织系统，涉及硬件与软件、人与物、人与人等诸多要素及其相互关系的协调与管理。因此，为了确保监狱行刑各项活动的有效运作，必须按照其行刑活动的内在分工与协作关系给予规范化的制度保障。从规范论的观点看，监狱制度就是一个自由刑执行的规范体系。

第二，它是刑事司法制度的组成部分。刑事司法制度是一个为了依法惩治犯罪，实现刑事司法正义而由刑事侦查、刑事起诉、刑事审判、刑事辩护和刑事执行等司法环节分工协作的严密司法组织体系。监狱主要承担刑事执行的分工任务，将刑事审判所作出的书面宣告刑罚真正付诸具体的实施。换言之，它对于刑罚的最终实现具有实质性意义。因此，可以说监狱作为刑事司法制度的组成部分，在整个刑罚实现的组织过程中具有不可替代的地位和作用。

二、监狱制度的构成要件

制度的构成要件是制度创制的基本要求。只有构成要件完备的制度或制度体系，才能被有效地加以实践运用。监狱制度作为一种建构、确认和调整监狱行刑社会关系和行为的规范体系，一般由以下五项要件构成：

第一，适用对象，是指具有"为谁制定，对谁适用"的明确对象和范围。比如，《监狱法》是我国监狱行刑活动的基本法律，包含了监狱总则、监狱行政组织、刑罚执行、狱政管理、罪犯教育、生活卫生等行刑管理主要活动的核心规范，因此，适用于一切监狱行刑活动的调整。又如，《未成年犯管教所管理规定》，是规范未成年服刑人行刑管理活动的行政法规，适用对象和范围比《监狱法》更加专门，即只针对未成年犯管教所的行刑活动。再如，《司法部关于对监狱、劳教所发生重大问题及时上报的规定》虽是一个部门行政规章，但针对监狱发生14类事件向上级机关呈报的时限、程序、内容等作了规范，适用对象的范围更加明确和收敛。

第二，主体构成，是指必须明确与刑罚执行有关的所有行为主体。比如，监狱及其行刑者（监狱人民警察）、服刑罪犯、公安侦查机关、检察机关监所检察机构、审判机关、服刑家属、社会团体以及其他相关参与人员。对所有相关主体的权利与义务等作出规定。

第三，实质规范，是指包含了行刑主体"应为、可为和勿为"等具体价值内容的规范。

第四，程序规范，是指设置了保证行刑实质规范有效运行的基本程序。

第五，责任追究，是指规定了违反实质和程序规范所应承担的相应责任，特别是应受何种处罚的内容。

第二节 监狱制度的体系

监狱制度体系是由不同类别和层次的专项监狱制度组合而成的体系，其所辖的各种制度就像齿轮箱中的各种齿轮一样，相互啮合，共同协作，从而完成目标性任务。从内在结构看，监狱制度的构成体系主要包括行刑基本制度、行刑保障制度、行刑监督制度等三大制度系列。

一、行刑基本制度

行刑基本制度是监狱制度的核心组成部分，是与行刑活动直接相关的系列制度。它主要由围绕刑罚执行基本活动和相关事务的若干制度构成，包括监管安全制度、刑务执行制度、狱政管理制度、罪犯教育制度、罪犯劳动制度等专项制度。这些专项制度体现了刑罚执行活动的分工与协作关系，具有维持行刑运作的组织逻辑。一般来说，监管安全是前提，刑务处理是轴心，狱政管理是保障，罪犯教育和罪犯劳动是增效。这五项制度又包含了必要和充分两个逻辑层次：其一，具有必要性的基本层次，指的是一个监狱制度体系的构成部分即使再简单，至少也必须包括监管安全、刑务执行和狱政管理等三项基本的制度，它们是反映"基本属性"的必要制度构成，否则，难以满足最低限度的行刑运作要求。其二，具有充分性的衍生层次，即罪犯教育、罪犯劳动制度是为了产出超司法的行刑绩效而与基本制度构成复合应用关系的衍生制度构成，是监狱衍生属性的反映。总之，这五项基本制度的构成关系包含了现代监狱制度所特有的一种复合属性结构。

以下以"刑务执行制度"这一核心制度为例，就其性质、内容或特点等作简要分析：

第一，就性质而言，刑务执行制度是监狱制度体系中最为核心的基本制度，规定了监禁行刑运作的实体和程序要求，在监狱制度体系中具有轴心地位和主导作用。在此刑务执行制度中，主要包括了原判刑务执行和变更原判刑务执行两项复合相关的制度。前者规定了对生效的初始判决如何加以执行，后者规定了根据某种法定适用情形，如何提起减刑、假释、保外就医等变更原判决的诉讼及其执行。前者是对原判决的肯定，后者是对原判决的否定，两者反映了现代刑罚的内在矛盾性及其相生相克的发展性，即一种普遍的对立统一性。

第二，就内容而言，刑务执行制度主要由原判刑务执行和变更原判执行两个方面的若干制度构成。其中，原判刑务执行方面，主要包括收押和释放两项制度。以我国为例，收押制度的实体和程序内容一般包括入监检查（含法律文书检验、身份验证、随身物品检查、身体健康检查）、入监调查（含入监登记、入监个人情况调查、人格或风险评估等）、入监培训（含新犯入监集训、行为养成考评等）。适用本制度的目的是为了确认和保证监禁行刑发生的合法性、准确性和安全性，使符合收押条件的依法予以收押，不符合收押条件的依法拒绝收押。而释放制度则规范了行刑活动的依法终结，一般由三个部分组成，即释放准备、释放办理、刑释安置等。其中，释放准备是指在服刑人刑期结束之前一定时期内，实施一系列活动，包括实施各类归正教育，尤其是社会适应性训练等。释放办理是指刑满按期释放或提前释放。前者是严格按人民法院的刑事判决或裁定的日期，办理手续，开具释放证明，允许服刑人离开监狱。后者是根据审判机关刑事判决或裁定日期，提前一定时限，允许服刑人以特定方式离开监狱，为刑满释放做准备，以期适应社会生活。而刑释安置是指刑释人员持释放证明到当地户籍管理机关办理落户手续。同时亦可根据自身的情况向有关部门申请协助安置就业或解决生活困难补助等。需要说明，如果仅从刑事法律关系来看，刑释安置不应属于"释放"执行的题中之义和刑事调整范围。严格来说，刑释安置应该纳入统一的国家社会福利保障与救济体系，属于社会行政法的调整范围，这反映了目前我国监狱与社会的分工与职能关系有待进一步调整。而变更原判执行方面，主要包括减刑、假释、保外就医等三项制度。其中，减刑和假释制度是典型的行刑变更制度，其制度运作需要解决两个核心问题：其一，如何进行司法分工与协作以确保其制度适用的公正和有效。这指的是行刑机关、审判机关、检察机关等就行使建议、裁定、执行、监督等各自的专有权力如何进行有效的诉讼协作以共同依法完成行刑变更任务。其二，如何准确把握行刑变更的适用条件。以我国为例，比如，被判处死刑缓期2年执行刑的，缓刑期内无犯罪行为的，可以变更为无期徒刑或有期徒刑；被判处有期徒刑的，服刑2年以后，符合可以减刑或应当减刑条件的，便具备了减刑资格；被判处无期徒刑的，表现一贯良好，不具有危害社会危险的，实际执行刑期在10年以上或被判处有期徒刑的，表现良好，不具有社会危险的，实际执行原判刑期的1/2以上的，可以适用假释。诚然，关于"适用条件"，各国的相关法律规定不尽一致。至于保外就医制度，虽然被列为变更原判执行的内容之一，但需要指出，它和减刑、假释制度的法律属性具有本质的不同。一言以蔽之，鉴于其适用条件、申报程序和批准机关的行政调整特点，保外就医的适用根据和调整程序并不依照刑事法律关系的调整方法进行。因此，严格来说，保外就医并非变更原判执行的一项刑事制度。

　　二、行刑保障制度

　　行刑保障制度是指为监狱行刑基本制度的正常运作提供管理保障的制度构

成。行刑保障制度主要包括监狱行政管理制度、监狱财务管理制度、监狱后勤管理制度以及监狱企业制度等。

以下主要对监狱行政管理制度、监狱财务管理制度的性质、内容与特点等，给予简要介绍：

（一）监狱行政管理制度

监狱行政管理制度有广狭二义。广义是指监狱宏观行政管理体制，包括监狱在政府系统内部的行政管理属性、各级监狱行政机构设置及其隶属关系以及监狱行政活动规范运行的制度总和。狭义是指监狱微观行政管理制度，包括职能定位、权力配置、运行规则等内容。

监狱的宏观行政管理制度是国家对监狱行刑司法活动的整体制度安排，决定了监禁行刑活动的社会地位，是确定监狱权力范围和任务的基础。为此，各国监狱立法都在"总则"中对监狱在国家权力体系中的地位作出明确规定。例如，我国《监狱法》总则第2条规定，监狱是国家的刑罚执行机关。第10条规定，国务院司法行政部门主管全国的监狱工作。由此构建了中央集权和分级管理的司法行政体制。

监狱的微观行政管理制度指的是规范某一监狱行政管理行为的系列制度规则，主要包含监狱的组织设置、人事管理等内容。

1. 监狱的组织设置制度

以我国监狱为例，作为一个相对独立的行政组织，目前我国监狱一般分为三层，即领导决策层、中间管理层和执行实施层，而相应的行政组织有监狱、监区和分监区。其中还有介于监狱和监区的大量业务职能部门。我国现行《监狱法》第12条第1款规定："监狱设监狱长1人、副监狱长若干人，并根据实际需要设置必要的工作机构和配备其他监狱管理人员。"可见对于监狱行政管理组织设置的规定比较笼统。至目前为止，我国监狱立法体系中仍没有关于监狱行政组织设置的单行法规。

2. 监狱的人事管理制度

监狱人事管理制度是针对监狱行刑管理人员的录用、任免、调配等人事管理的制度规则。主要包括监狱工作人员的录用、晋升、任免、调配、职责、培训、考核、奖惩、福利等一系列制度规范，决定了监狱人力资源的使用效率，是监狱行政管理的核心活动。

（二）监狱财务管理制度

监狱财务管理制度是指国家为了保证监狱的正常运营所建立的财务及费用收支管理制度。监狱的行刑活动需要一定的经济保障，经费来源及保障程度是约束监禁行刑活动正常进行的重要条件。我国现行《监狱法》第8条规定"国家保障监狱改造罪犯所需经费。监狱的人民警察经费、罪犯改造经费、罪犯生活费、狱政设施经费及其他专项经费，列入国家预算。国家提供罪犯劳动必需的生产设施和生产经费"。第9条规定："监狱依法使用的土地、矿产资源和其他自然资源以及监狱的财产，受法律保护，任何组织或者个人不得侵占、破坏。"由此可见，从立法层面看，监狱的经费已经有了法律制度的保障。不过，监狱的法律地位虽然决定了各国普遍实行的必然是国家财政保障制度，但是，由于监狱收押的服刑人数量不断增加，设施、环境需要改善，经费总额逐渐攀升，加大了财政压力。同时受国家财政收入水平的影响，监狱经费不足已成为诸多国家监狱共同面临的问题，构成对监狱的多面的影响。比如，对监狱建设的影响，对监禁行刑活动的影响，对监管人员工作态度的影响，对服刑人员生活的影响等。这些影响直接关系到监狱行刑的秩序与效率。为了解决此问题，各国监狱采取了不同的措施。比如，韩国实行了"矫导作业制度"。美国实行了"私营监狱制度"。而我国则建立了"监狱企业制度"。为了保证监狱职能的实现，提高国家财政经济保障的程度，世界许多国家根据监狱财务的实际情况，都在积极探索拓展经费来源，降低行刑成本的多种渠道和形式，保证在低成本运作和不影响监狱职能的条件下，为服刑人提供劳动条件，增加经费收入，缓解经费不足问题。

三、行刑监督制度

行刑监督制度是指特定国家机关、社会组织以及公民对监禁行刑活动合法性进行监察和督导的制度规范。建立行刑监督制度，是由监禁行刑活动性质所决定的。进行行刑监督的目的是了解刑事判决的具体执行情况，发现和纠正行刑中存在的问题，杜绝违法行刑的现象；同时，监督监狱法律的全面落实，有利于维护服刑人员的基本权利，保障监狱行刑的合法性和公信力。

我国现行《监狱法》规定国家权力机关、检察机关、社会组织和公民构成行刑监督主体，享有对监禁行刑活动监督的权利。行刑监督的主要内容包括对执行法院刑事判决、裁定的合法性监督；监管改造活动的合法性监督；服刑人申诉、控告、检举处理的合法性监督；监狱人民警察执法行为的合法性监督。

在行刑监督过程中，不同主体具有各自特有的监督权能、内容、方式，需要彼此相互合作，共同发挥监督效能。

（一）权力机关监督

权力机关是指各级人民代表大会及其常委会，主要通过以下方式监督：①审查法律文件，即对国务院、司法部、地方人民代表大会及其常委会、地方人民政府呈送的有关监禁行刑的规范性法律文件进行审查。如果上述规范性法律文件违反宪法和法律的有关规定，则予以改变或者撤销。②质询。对涉及监狱法律实施中的重大问题向监狱主管机关提出质询，并作出相应决议。③组织特定问题的调查委员会。对监禁行刑中发生的重大问题和案件进行调查了解，并督促有关机关及时对问题进行处理。④视察。各级人大代表有权单独或邀请政协委员到监狱视察，了解、检查监狱的财政预算、狱政管理情况和执法执纪情况，对于存在的问题，提出建议、批评和意见，限期予以改正。

（二）司法机关监督

检察机关监督是司法监督的主要形式，它是我国监狱行刑监督中最重要、最核心、最规范的监督。检察机关通过在监狱设立驻监（所）检察室（组）、在监狱内设置举报箱、参加监狱有关会议等形式，对监狱工作进行全面的监督。对于不同的监督内容，检察机关运用不同的监督方式：①查证申诉、控告、检举材料。对服刑人及其家属提出的申诉进行查证，经查证确属有错误的判决、裁定，转请审判机关处理。对控告、检举材料，组织专人审查，如属实，予以纠正和处理，如属诬告，追究诬告者的责任。②提出建议和意见。在减刑、假释、暂予监外执行等刑罚变更执行活动中，如果发现监狱违反法定程序或处理不当的，检察机关可采取口头建议或书面建议的方式督促纠正；如果是审判机关裁定内容不妥的，检察机关则提出纠正意见或按照审判监督程序，向审判机关提出抗诉。③配合侦查、批捕、起诉。对于监狱人民警察执行刑罚中的利用职务便利，损害刑罚执行的公正性和严肃性的职务犯罪行为移交并配合同级监察委员会进行侦查、批捕，构成犯罪的依程序向人民法院起诉。对尚未构成犯罪的，转请主管部门处理。

（三）行政机关监督

行政机关监督是指监狱的上级管理机关及其主管部门对监禁行刑活动的合法性的监督。主要包括内部行政监督和独立监察监督：①内部行政监督。它是具有内部行政隶属关系的上级监狱管理机关及其主管部门对下级监狱的行刑活动的合法性所进行的监督。这种监督是依行政管理权和行政隶属关系产生的，它既是一种行刑监督方式，也是上级监狱管理机关及其主管部门行使行政管理权的一种手段。这种监督的方式主要有通过制定、修改或者废除有关监狱行刑活动的规章、命令、指示、部门工作制度、工作纪律等规范性法律文件或非规范性文件，规范监狱的行刑活动，撤销所属监狱作出的不适当的决定等。此外，进行执法检查，发现违法执行刑罚的，限期改正并进行查处。②独立监察监督。监察监督是指我国各级监察机关对监狱及其工作人员的职务行为是否合法合规进行的监察性监督。主要方式包括日常性的检查、督导和专项性的检查、督导。检查和督导的对象和重点是监狱及其工作人员的刑事执行、行政执法及其他相关活动的合法合规性，尤其是对违法违纪事件进行调查和处理等。

（四）社会监督

社会监督，亦称群众监督。它是各政党、各社会组织、团体和个人对监禁行刑的合法性所进行的一种监督。社会监督主体分布广泛，包括中国共产党、人民政协、各民主党派、共青团、妇联、居委会、村委会、法律职业者、新闻舆论以及包括服刑罪犯及其家属在内的个人等，涵盖各行各业。也就是说，社会各界组织和人士都享有对监禁行刑合法性实施监督的权利。社会监督由人民群众直接参加到监督监狱法律实施的活动中来，具有很强的广泛性和群众性，意义重大。由于社会监督的主体类型较多，各自可根据条件，采用不同的方式对监禁行刑的合法性实施监督。监狱作为行刑监督的对象，应尊重社会各界的监督权利，积极履行义务，对监督活动予以支持和配合，自觉主动接受监督。在不违反保密规定的前提下，向社会公开狱务信息，向有关部门报告执法工作情况，接受指导，回复质询，提供证据，为实施监督提供便利条件。

 ## 第三节　监狱制度的运演

　　如上所述，监狱制度不仅具有复杂的构成体系，而且处在发展变化之中。如何确保其有效运行和顺利演进？根据以往中外监狱制度的实践经验，结合现实经验，应当遵循有效运行的一般原则。从历史经验来看，还需要妥善处理传承与创新的关系。

一、监狱制度的有效运行

（一）协调性原则

协调性原则主要是指两个方面：一是外部协调，即监狱制度应与刑罚制度保持协调。监禁行刑虽然是相对独立的刑事司法活动，但监狱制度是刑罚制度的重要组成部分，是具体落实刑罚的最后环节。因此，监狱制度的创制应与刑事司法系统的控、辩、审制度有机衔接，据此构建相对独立的制度体系。二是内部协调，即监狱制度体系中的各种制度属性不同，关系错综复杂，无论监管安全、刑罚执行、狱政管理、罪犯教育和罪犯劳动等制度，一旦组合运作，难免出现摩擦或冲突，因此，只有努力协调才能保证平稳而高效运行。

（二）整体性原则

监狱制度体系中的各项制度虽然看似相对独立，但其各项制度之间，实际存在上下左右的结构与功能互补关系。因此，在注重协调一致的基础上，还需要从整体性的高度加以把握。所谓整体性原则，主要表现在无论行刑活动本身的构成多么复杂多变，其目的只有一个，就是依法执行刑罚。监狱制度的决策者或执行者只有保持整体意识，了解各项制度在整个制度体系中的地位与作用，才能确保实现其制度体系运行的整体目标。

二、监狱制度的传承创新

（一）监狱制度的传承问题

监狱制度的传承问题，实质反映了监狱制度的历史连续性。因为监狱制度的有效运行需要借鉴前人的制度遗产，汲取其中能够为我所用的部分，才能形成历史的延续及其进步。比如，对中国古代行刑思想的研究，使我们知道其"德主刑辅"的行刑思想及其制度实践源远流长，《周礼·秋官·大司寇》载："以圜土聚教罢民，凡害人者，置之圜土而施职事焉，以明刑耻之。其能改过，反于中国。"按郑玄注："圜土，狱城也，聚罢民其中，困苦以教之为善也。"在对圜土的罪犯惩罚过程中，统治者坚持"凡圜土之刑人也，不亏体，其罚人也，不亏财"，即对关押罪犯既不虐待，也不没收他们的财产，而对他们以教育感化为主。对此制度，沈家本评论道："惟所言三代命名之意，设狱原非以害人，其'幽闭思愆'、'改恶为善'二语，以感化为宗旨，尤与近世新学说相合。"[1] 由此可见，在对囚犯实施刑罚的同时，注重对囚犯的教育感化，其实是中国传统监狱文化在奠基之初即已确立的一项基本原则，为后世历代相沿不衰。对于今天如何协调惩与教的制度关系时，仍将具有不可忽视的借鉴和指导意义。

（二）监狱制度的创新问题

一部监狱制度发展史，就是一部传承创新史。只有传承，没有创新，监狱发展就会停滞不前；只有创新而没有传承，监狱发展就会无章可循，以致紊乱不堪。因此，必须妥善处理传承与创新的关系，尤其是对所处转型时代的中国监狱而言。过去的两百多年，刑罚理念经历了从报应刑到预防刑，再到恢复刑的更替。可以说，监狱制度的创新受到刑法哲学思想革命的深刻影响。时至今日，伴随人类社会从传统到现代的转型以及受到西方各种刑事思潮的影响，我国监狱领域已经出现了如何选择和兼容各种新刑事理论及其制度成果的问题。换言之，监狱制度面临着如何妥善处理传承与创新关系的新课题。无论是行刑的人道化、合理化、个别化，还是法治化、科学化、社会化等，监狱制度都必须在传承中坚持创新，只有做到"创"有所获、"新"有所成，才能使我国监狱制度的有效运行实现保持可持续发展。

思考题

1. 什么是监狱制度？它有哪些构成要件？

2. 监狱制度的三大制度系列具有怎样的分工关系？

---

〔1〕　参见沈家本：《历代刑法考·狱考》，中华书局 1985 年版，第 1160 页。

3. 监狱制度的三大制度系列各有哪些核心制度?
4. 监狱制度的有效运行原则是什么?
5. 如何把握监狱制度的传承与创新关系?

中篇

罪犯论

第五章 罪犯概念论

内容提要

● 本章首先梳理了古今中外的罪犯现象，并就如何认识罪犯现象提出了基于经验的"定性分析"和基于统计的"定量分析"两种认识方法。然后，结合关于罪犯本质的阐述，参照"监狱""行刑"等概念的复合定义方法，提供了罪犯概念的基本定义和衍生定义。

关键词

● 罪犯现象 认识方法 基本定义 衍生定义

第一节 古今中外的罪犯现象

罪犯现象是人类社会的基本身份现象之一。在人类社会中，总有一部分社会成员因其"犯罪"而被所在社会的刑事立法和司法制度选择成为"罪犯"，从而构成该社会的罪犯群体。伴随刑罚文明和监狱制度的发展，罪犯及其群体的概念、构成、面貌、特征等，已是异象纷呈，蔚为大观。罪犯是什么？罪犯和普通人的本质区别是什么？如何认识罪犯这一行刑对象？回答此类问题之前，还是先对罪犯现象有所了解吧。

一、古代的罪犯现象

古代是一个漫长的时间概念。因此，简要概述古代罪犯现象殊为不易。就中国的情况而言，在上古邦国诞生之后，与犯罪和刑罚相共生的罪犯现象即已出现。由于古代刑罚主要以"死刑＋肉刑"为主，多数罪犯在获罪受刑后，或失去生命，或被伤害躯体，因犯罪而殒命、致残是较为普遍的现象。据记载，即便位高权重如商鞅者，亦因变法失宠而被秦惠文王处以"车裂"。汉代以前，罪犯获罪后如果不被处以生命刑，则会被黥（或墨）、劓、刖（或斩趾）、宫、笞等。一般而言，罪犯在受到肉刑后仍要从事繁重的劳役。当然，从监狱史料看，中国在西周时期还有一些适用"圜土之制""嘉石之制"的轻微违法获罪的犯人。汉代以后，伴随刑罚体系由上古"五刑"（即"墨、劓、荆、宫、辟"）向中古

"五刑"（即"笞、杖、徒、流、死"）的变迁，刑罚适用的重心由"死刑＋肉刑"逐渐转向"徒刑＋肉刑"。为执行徒刑所必需的"监禁"现象得以广泛发展。从后世的罪犯观来考量，也只有从那时开始，即当监禁行刑成为主要刑罚现象之后，伴随监狱种类、规模和狱制的发展，被"圈养"的罪犯现象及其构成特点变成了日益重要的管理研究主题。被监禁的罪犯开始"老幼分监""男女别狱""轻重异名""贵贱分等"。为了防止罪犯脱逃造成他人身危险，用于控制和惩戒人身的措施被广泛使用，比如拷、枷、索、镣、杻、匣床、站笼等。中古以下，罪犯群体中绝大多数被作为徒刑犯，参加有组织的繁重体力劳动。虽然在服徒刑期间，历代立法规定了诸如"提留省亲""恤刑悯囚""录囚赦囚""矜疑罪犯""留养承祀"等感化制度，使服刑罪犯在感化中认罪改过。但在实际执行时，因虐待、饥饿、疾病而使囚犯瘐死狱中的现象时有发生。

与此同时，在古代西方，对罪犯的刑罚处理，也是借助于死刑、肉刑来完成。例如，在英国，死刑适用广泛，如伪造、假冒、发恐吓信、绑架女性继承人、企图谋杀枢密院官员、掏兜、海盗、残害牲畜、放火、亵渎、盗窃亚麻、砍伐树木、往池塘外放鱼、盗窃超过 40 先令等都可以判处死刑。曾有人因偷一顶帽子、一块手绢，甚至一片牛肉而被处死。其他西方各国的罪犯刑罚处境及生存状况与英国大同小异，罪犯在监狱中处境艰难，普遍遭受的是不人道的对待。

总之，在漫长的古代历史中，有关罪犯现象的史料记载留给我们的基本印象是，多数罪犯不论其犯罪行为孰重孰轻，都只能在酷刑中呈现其悲惨的生命状态，在痛苦的呼喊与挣扎中承受从肢体的残害到生命的毁损的刑罚过程。

二、近代的罪犯现象

近代以后的人类社会进入了一部全球一体化的历史。世界各国无一幸免于全球化的影响，中国亦不例外。近代中国政局动荡不定，晚清、北洋政府、中华民国政府在短暂时间内先后成为政治舞台的主角。晚清政权大厦将倾之时，曾试图进行立宪改革，其中一项重要措施就是为了讨回治外法权，清政府向西方学习监狱改良，开始陆续设立罪犯习艺所、新式监狱等。在新式改良监狱中的罪犯每日进行习艺劳动、学习织布、缝纫、竹木编织、文具制作等，罪犯依类分别关押、每日参加劳动、接受教诲，服刑状况有较大改善（参见图 5－1）。

图5-1：清末新式监狱中的罪犯习艺劳动场面

　　北洋政府及民国时期的监狱在清末监狱改良的基础上，走上了刑罚近代化的进程。少数新式模范监狱的罪犯在生活、劳动、基本权利保障、刑罚执行变更方面，获得了更多人道待遇。但与关押在新式监狱的普通刑事犯不同，那些被囚禁在特种监狱的特别刑事犯和司法混乱的地方监狱普通刑事犯，其服刑处境往往缺少基本的人权保障。比如，国民党政府时期所设立的特种监狱之一"重庆中美合作所"，对各类政治犯采用刑讯逼供的手段极其繁多，包括诱、吊、灌、拗、烧、恐、疲、烤人油、钉竹签、穿乳头、夹筷子、电刑等，无所不用其极。

　　西方近代的刑罚改良先于中国，其时间可以从17世纪初算起。17世纪以来，在资产阶级启蒙思想的影响下，西方的刑罚走上了近代刑事改革的道路。监狱制度开始体现法治化、合理化、人道化等价值取向，服刑罪犯作息有规律，在劳动、学习中成绩优良者，可获累进处遇激励，表现好的罪犯会有更多机会获得减刑、假释等奖励。服刑期间，监狱依据性别、年龄、民族、刑种、刑期、罪由等实施分类关押。总之，由于经历了与近代社会改革相同步的刑罚和监狱改良，与古代相比，西方各国罪犯的法律地位、服刑条件和生活待遇等方面有了比较显著的改善。

三、现代的罪犯现象

自 20 世纪中期以来，人类社会整体上进入现代纪元。以经济飞速发展、知识不断创新为动力，整个社会万象更新。与此同时，社会的犯罪及罪犯现象也发生了很大的变化。

以当代中国监狱的罪犯情况为例。改革开放以来，与整个社会的转型相一致，过去 30 年中国的监狱制度也经历了根本的变化。与此同时，罪犯构成发生了显著变化。比如，在案由构成上，由 20 世纪 50 年代政权更替所造成的以特别刑事犯为主，演变为了以普通刑事犯为主；在年龄构成上，未成年罪犯比例不断下降；在性别构成上，女性罪犯的比例在逐步上升；在犯罪手段上，实施高科技犯罪、职务犯罪、涉毒犯罪、黑恶势力的暴力犯罪等比例不断上升。罪犯服刑环境和条件也发生了巨大变化，罪犯生活在崭新的监舍，作息合理，饮食卫生。

除了参加劳动和学习，还被安排参加各种监区文化娱乐活动。近年来，由于高新科技的发展应用迅速，以电子监控为标志的现代监狱安防模式，对罪犯的服刑秩序和行为模式产生了深刻的影响。

在当代西方国家，经济发展带来空前繁荣的同时，各种犯罪层出不穷，这给各国监狱系统提出了严峻的挑战。但必须看到，近代以来的监狱改良给西方国家的监狱打下了良好的行刑法治和狱政管理基础。比如，罪犯在狱中享有比较充分的权益保护。罪犯在服刑期间可以有较多选择参加劳动、教育、娱乐的机会。尽管一些发达国家的监狱系统的"暴狱"事件和"虐囚"丑闻接连不断，但总体来看，在法律、经济、技术的有力支持下，罪犯的服刑秩序和人权状况比发展中国家具有更高的保障程度和水平。

第二节　罪犯现象的认识方法

古今中外的罪犯现象形形色色、林林总总，如何进行科学认识？历史上不乏关于罪犯现象及其本质的各种理论观点。比如，近代著名的犯罪学者龙勃罗梭从犯罪学角度，曾提出关于罪犯类型的如下分类观点，罪犯可以分为天生犯罪人、激情犯罪人、精神病犯罪人和偶然犯罪人。关于偶然犯罪人，龙勃罗梭认为还可以分为四种类型，即虚假犯罪人或准犯罪人、倾向性犯罪人、习惯性犯罪人、癫痫性犯罪人。但从监狱学的角度来看，这样的类型分析虽有参考价值，但不能完全满足监狱执行刑罚的需要。总之，基于罪犯现象的复杂属性，需要摈弃单一思维，从多种视角和不同方法，对罪犯现象进行基于经验的定性分析和基于统计的定量分析。

一、基于经验的定性分析

罪犯无论作为个体还是群体，是人类社会的一部分，是一种人格或人格组合的社会现象。在具体社会情境中，行刑者或研究者与罪犯的关系，不是一种"人与物"的主客体认知关系，而是一种"人与人"的双主体认知关系。因此，行刑者或研究者无法将罪犯当作"自然现象"进行如同自然科学那样的纯粹客观研究。换言之，人们在认识罪犯的过程中，不可避免地会见仁见智。由此构成一种基于各自经验和视角的定性认识。从学理来看，不同的定性认识其实包含了多样化的社会功能视角。这是说，人们会自觉或不自觉地从政治、经济、法律、管理、教育、心理、宗教等不同经验背景，对罪犯现象提供"主观见之于客观"的定性认识。比如，在当代中国监狱社会管理过程中，关于罪犯的大量不同习惯称谓，比如骨干犯、关系犯、职务犯、文化犯、技术犯、苦力犯、杂务犯、护监犯、耳目犯、顽固犯、危险犯、老残犯、外籍犯、初偶犯、惯累犯、变态犯、另类犯等，表达了对罪犯的经验定性认识，这其实也是一种实用的罪犯分类法。不同的称谓不仅反映了罪犯在监狱社会文化情境中的人格特征，而且提供了包含"罪犯人格类型"信息的罪犯总体结构认识。

二、基于统计的定量分析

将罪犯这一行刑对象的个体特征，如性别、年龄、职业、户籍、刑期、案情、犯罪情况、社会身份、身心状况、服刑状况等作为统计分析指标，通过文献、档案、问卷、访谈等调查获得有关罪犯个体或群体构成的基础数据，从而可应用于不同目的的统计定量分析。比如，根据基础数据，对男犯与女犯、成年犯与少年犯、城市犯与农村犯、本地犯与外籍犯、长刑犯与短刑犯、初偶犯与惯累犯、普通犯与特别犯、健康犯与残疾犯、常态犯与变态犯、宽管犯与严管犯等进行"罪犯构成"的统计定量分析，不仅有助比较不同罪犯样本的基本构成情况，而且有助于指导进行科学的分押分管分教，采取相应的行刑处遇措施等。

总之，关于罪犯构成的统计定量分析，已经成为监狱统计的核心内容。各国监狱罪犯构成情况，通过其月度、季度、年度等狱政统计报表形式，已经成为制度化和常规化的方法。可以预期，在数字技术的支持下，通过长期、连续的数据积累，不同统计单位的罪犯构成分析，将建立在更加完整的数据样本之上，从而满足不同目的的实践或研究需要。

第三节　　罪犯的概念及其定义

一、罪犯的概念

透过扑朔迷离的古今中外罪犯现象，罪犯概念要回答的是罪犯究竟是什么人。或者说，在各种社会人群中，是什么特质决定了罪犯人群与非罪犯人群的本质区别。由于本质隐藏于事物的内部，无法加以直观，因此，只有具体分析和客观比较各种罪犯现象的属性表现，才能帮助我们选择本质认识的途径和方法。

回顾罪犯名称与内涵的历史沿革，可以看到人们对于"罪犯"这一行刑对象的属性认识，表现了不同的认识和态度。先秦时期对罪犯并非笼统地称为罪犯，而是或根据罪犯实施的犯罪行为命名罪犯，如盗贼、奸非，或根据罪犯的受刑特征命名罪犯，如赭衣、丹徒。在隋唐以后，则有根据具体的刑罚活动加以命名的，如城旦、春、徒、刑徒、徒隶、胥靡等。其中，也有比较书面化的称谓，如根据象刑文字命名的罪、执、圉、囚，或围绕囚字衍生而成的一些命名，如死囚、狱囚、监囚、系囚、罪囚、囚犯。到了近代，主要根据罪犯人身的受刑状态命名罪犯，如在犯人、在押人、服刑人、受刑人、被判刑人等。到了现代，又发展出若干极具政体特色的称谓，比如犯罪分子、劳改犯、劳改分子等。

从以上的称谓演变可以看到，罪犯的内涵与外延处在不断地变化之中。那么，从中是否可以发现一种基本的规定性呢？在我们看来，考察罪犯的本质现象，可以着眼于三个层次：一是罪犯作为人而存在的本质现象；二是罪犯作为犯罪人而存在的本质现象；三是罪犯作为服刑人而存在的本质现象。质言之，罪犯的本质包含了罪犯作为人具有的一般本质和罪犯作为犯罪人和服刑人而表现的特殊本质。由此可知，无论古今中外的罪犯现象及其认识如何错综复杂，但作为罪犯，除了基本的人性外，始终与两种基本的事实相联系，从而构成其"本质"：一是与"罪"的确定性相联系。换言之，一个没有"罪"的人不为罪犯，即便其所犯之"罪"在后世看来是多么的无理或荒唐，但却必须是一种为当时当地的刑事意识形态所确定的"罪"。二是与"刑"的确定性相联系。换言之，一个不受"刑"的人不为罪犯，即便其所受之刑在后世看来是多么的野蛮或残酷，但却是一种被当时当地的司法判决和执行所确定的"刑"。由此推断，罪犯的本质是其"罪与刑"的统一性。这是说，虽然关于罪犯的看法必定会见仁见智，众说纷纭，但从"罪犯"之所以是"罪犯"的法定条件而言，没有哪一方可以否定罪犯必须是一个犯了罪的服刑人。

二、罪犯的定义

从以上对罪犯概念的探讨，我们既认识到了罪犯现象的多样属性，也发现了它的一般属性。在此，我们将根据罪犯一般属性所给出的定义称之为"基本定义"，而将不同立场和视角对于罪犯所给出的定义称之为"衍生定义"。和关于监狱概念和行刑概念的系统定义方法一样，我们知道定义罪犯概念需要一种由基本定义和衍生定义所构成的复合定义法。其中，基本定义是唯一的，不因历史文化的变迁而改变，而衍生定义是多样的，恰是罪犯历史文化变迁的属性表现或是对于该种属性表现的学理认识。

（一）罪犯的基本定义（B）

罪犯的基本定义（B）：罪犯是一个犯了罪的服刑人。

不难看出，上述定义是一个至简的抽象定义，并不回答什么"罪"，何种"刑"。一旦具体化，即进入具体语境，或可以拓展为诸如"某罪犯是一个犯了故意杀人罪而被判处死刑的人""某罪犯是一个犯了盗窃罪而被判处5年自由刑的人"等。

（二）罪犯的衍生定义（Y）

衍生定义是在一定的社会文化条件下，受各种社会文化因素的影响，基于基本定义而产生的各种定义，反映了定义者与被定义对象之间多样化的实践关系或认知关系。以下是从政治、法律、经济、伦理、社会心理、医学等多种立场和视角给出的参考定义：

1. 衍生定义（Y1）：罪犯是统治关系的破坏者

这是一项政治学定义。类似的还有"罪犯是无产阶级专政的敌人""罪犯是不良社会制度的受害者""罪犯是私有制（贫富差别）的产物"等。

2. 衍生定义（Y2）：罪犯是触犯刑法、应受刑罚处罚的人

这是一项刑法学定义。类似的还有"罪犯是严重违法者""罪犯是正在接受法律惩罚的人""罪犯是被剥夺和限制了人身自由的人""罪犯是指被判处死缓、无期徒刑、有期徒刑，正在监狱接受惩罚与改造的人"等。

3. 衍生定义（Y3）：罪犯是廉价的劳动力

这是一项经济学定义。自"徒刑"产生以来，罪犯作为一个廉价的生产要素，一直以无偿或低价有偿的方式，为监狱和社会提供了大量有效的劳动。

4. 衍生定义（Y4）：罪犯是恶人

这是一项伦理学定义。类似的还有"罪犯是坏人""罪犯是灵魂中恶战胜了善的人""罪犯是本性邪恶的人"等。

5. 衍生定义（Y5）：罪犯是具有反社会性人格的人

这是一项社会心理学定义。类似的还有"罪犯是人格社会化失败的人""罪犯是社会秩序的越轨者"等。

6. 衍生定义（Y6）：罪犯是有心理行为疾病的人

这是一项医学心理学定义。类似的还有"罪犯是天生犯罪人""罪犯是体貌禀赋恶劣的人""罪犯是具有身体特异性的人""罪犯是具有精神特异性的人"等。

从上述关于"基本定义（B）＋衍生定义（Y1～Yn）"的复合定义介绍中，不难明白相比任何单一定义，从关于罪犯概念的多元结构定义，可以获得关于罪犯现象更加客观而公正、更加系统而全面的认识。

 思考题

1. 罪犯现象的演变和发展有什么特点？
2. 罪犯分析的主要方法是什么？
3. 罪犯概念的基本定义是什么？
4. 罪犯概念的衍生定义有哪些？

第六章 罪犯人格论

内容提要

● 本章从"罪犯人格问题"的由来入手，借助"人格"现象的一般认识，提供了关于"罪犯人格"的基本定义。在此基础上，进一步分析了"罪犯人格标签"的含义、成因以及若干典型的罪犯人格标签类型。最后以影片《肖申克的救赎》为例，解释了罪犯人格监狱化及其形成的一般机理。

关键词

● 罪犯人格 罪犯人格标签 罪犯人格异化

 第一节 罪犯人格的含义

一、罪犯人格问题的由来

什么是罪犯人格？罪犯是否具有人格？具有怎样的人格？为什么需要关注罪犯人格问题？在现代刑罚史上，这是影响刑罚目的和行刑模式选择的一些难以回避的问题。下图呈现的是英国彭顿维尔监狱"罪犯放风"的行刑场面（参见图6-1）。

图6-1：英国彭顿维尔监狱给每个放风的
囚犯戴上了特制面具

在图 6 - 1 这个罪犯放风的场面中，十分醒目的是每个罪犯都被迫戴上了一个"面具"。由于脸上戴了面具，罪犯彼此看不到对方的表情，或者说他们互相看到的只是相同的"面具"；而在看守的眼里，虽然看到了"每个罪犯"，其实看到的也只是"同一个罪犯"。由于"千人一面"的同质化效应使得罪犯的个性差异无以表现；同时，"面具"还显示了在行刑的规范和处遇面前，罪犯的服刑地位一律平等。由此，可以说在这种借助"面具"所人为建构的监狱人际关系中，罪犯的"人格"只能服从"面具"，至于"面具"后面隐藏的是什么或想要表现什么可以不必理会。这是说，如果佩戴了面具的某个罪犯试图作出不服或反抗"面具"约束的个性化行为，那么，可以推想此种破坏规矩的主观表现将受到严厉管束或制裁，而其结果则是令其重新服从"面具"规则。

彭顿维尔监狱位于英国伦敦附近，始建于 1842 年。该监狱严格采取独居、隔离、沉默的监禁行刑制度。这一制度安排的理论来源是贝卡利亚等人所倡导的古典刑事正义报应思想。该思想主张罪刑法定、罪刑对等、罪刑均衡等刑事正义原则，而不认为被"面具"所遮蔽的罪犯个性特征具有法律规范的一般或特殊意义。事实上，古典报应刑的理论与实践之所以只关注，或者说只承认罪犯人格平等的法律规范意义，并非不知罪犯具有个性差异，而是意识到为了真正实现"刑罚面前人人平等"的刑事主张，必须坚持"去个性化"，亦即不应当（也无能力）将罪犯的个性差异纳入严格、明确的刑事司法关系。虽然 19 世纪中叶的彭顿维尔监狱也组织一些触及罪犯个体精神的感化活动。比如，接受牧师的布道教诲（参见图 6 - 2）。

图 6 - 2：每个囚犯坐在彼此隔离的特制座位里平等接受教诲

但从图 6-2 中可以看到这个监狱教堂的座位设计别出心裁：罪犯拥有同样大小的座位，必须保持彼此的隔离、沉默。由此可见，旨在引导罪犯精神生活的布道活动只是一种平等的灌输教育，并不存在个性化的区别对待。总之，彭顿维尔监狱的"面具制"，其主要的功能就是排除罪犯人格差异对维护和实现刑事报应正义的干扰和损害。然而，随后兴起的"预防刑"理论却企图对古典"报应刑"的严格刑事公正思想进行根本性的颠覆。"预防刑"理论认为，任何犯罪都存在犯罪原因，不消除犯罪原因，尤其是犯罪人的主观原因，就无法消除犯罪和重新犯罪现象。换言之，只有深入探究犯罪原因才能借以有效预防犯罪或重新犯罪。"预防刑"理论的主要代表人物之一李斯特曾说"应处罚的不是行为而是行为者""刑法的主要任务不是对已经发生的犯罪行为进行报应，而是以预防再犯和保卫社会为目的"[1]。依此逻辑，当刑罚的主要目的和方法不再是解决对已然犯罪危害的正义报应问题，而是旨在预防未然犯罪问题时，则发现"人的犯罪可能性"以及发明一切有利于消除其犯罪或重新犯罪的方法必然成为刑罚关注的重心和焦点。换言之，如果刑罚一旦将"罪刑关系"不是建立在以报应犯罪为目的以及刑罚的效果不是基于罪犯个体可测度并在彼此之间可比较的服刑行为，即"行刑的一般化"之上，而是建立在以预防犯罪为目的以及强调个体差异性的"行刑个别化"之上，那么，致力于从"罪犯人格"中发现犯罪主观原因及其预防方法就成为一个不得不面对的核心问题。然而，愿望很美好，但事实很骨感。主要困难在于人格现象极其复杂，关于罪犯人格现象的知识能否像物理学知识那样，可以源自精确的观察、解剖、测量和实验，以及必须能够经受严格的重复检验？罪犯个体不仅罪由、刑期、性别、年龄、体貌、籍贯、出身、家庭等的统计特征不同，而且，更主要的是，他们的欲望、意志、思想、感情、兴趣、偏好、言语、行动等个性特征存在显著差异，以及更为微妙而深奥的是罪犯人格正像所有人的人格一样，总是和变化不息的现实生活紧密结合在一起，总是和充满可能性、不确定性的生存境遇浑然一体。因此，预防刑的理论与实践自问世以来，一直面临着如何既满足古典刑事法律的正义要求，又合理解决罪犯人格实质认识的难题。

二、罪犯人格的定义

如上所述，缘于罪犯人格现象的独特性和复杂性，为了深入理解罪犯人格现象，有必要从了解一般人格开始。什么是人格？"人格"这个词在中西文化语境中的词义及运用习惯具有较大差别。在传统中国文化的语境中，更多强调的是它

---

〔1〕 转引自吴宗宪：《西方犯罪学史》，警官教育出版社 1997 年版，第 333、335 页。

的伦理方面，即在伦理关系中的表现及其评价。比如，中国人爱说某人人格高尚或人格卑鄙等，而较少指涉法律或心理特征。而在西方文化语境中，从词源考察可知"人格"最初与"面具"同义[1]。关于"人格"的概念，自近代以来，西方人从心理、伦理、管理、政治、经济、法律等不同视角，曾提出过众多观点[2]。而从经验可知，人是那么的相同，比如，都要吃喝拉撒，都将生老病死，都有悲欢离合，都会趋利避害等；但又是那么的不同，比如有人胆小怕事，有人胆大妄为；有人背信弃义，有人诚实守信；有人自甘沉沦，有人志存高远等。因此，可以说，人者，人性相似而人格有别。然而，承认人格的差异，是否存在一种可比较和综合的人格类特性或类型化特征呢？在比较、综合了多种观点及其定义的优劣之后，以下拟提出的是一个非实质判断的"形式化表述"："人格是人类具有自我同一性和独特性的精神表现形态。"从其形成机理看，可以给出的基本定义为："人格是人的个性结构与其社会关系相互作用所形成的现实自我及其行为模式。"

从上述基本定义可知，人格的概念具有二元性，既包含个人属性，又包含社会属性，是个人与社会互动的产物。由于"人格"内涵复杂，具体理解上述定义需要把握以下关键义项：

（一）"个性结构"

个性结构是人在成长的过程中基于遗传和环境所建构起来的现实自我结构，它是导致人格差别的内在决定因素之一。中外不少心理学家曾试图对"个性结构"进行精确研究，但到目前为止，只提供了若干信效度有限的测量工具，并作为心理治疗或咨询的临床辅助诊断手段。如卡特尔的"16种人格特性"量表，明尼苏达"多相人格"量表，TAT默里主题统觉测验等。尽管关于"个性结构"缺乏明确统一的概念，但比较认同的看法是，人的个性结构中包含了两极性：一是自然生物属性（兽性），二是社会文化属性（神性）。相对于人的社会文化属性，人的自然生物属性积淀了更为漫长的进化密码，是个性中最为基础的决定因素（自然基因），而人的社会文化属性发生于人类心智进化的高级阶段，成为个性中更具主导的进化因素（文化基因）。人类在个体成长和发展的过程中基于自然生物属性（兽性）和社会文化属性（神性）两者的有机整合，逐渐形成千差万别的个性结构。

（二）"社会关系"

人的生存关系包括了人赖以生存的全部自然关系和社会关系。其中，自然关

---

〔1〕 英语"Person"一词兼具"人、人格、面具"之意。

〔2〕 参见赵敦华主编：《西方人学观念史》前言，北京大学出版社2005年版，第3页。

系的差异，尤其是地理、气候及物产的不同生态条件，决定了人们的自然行为模式差异。比如，北极爱斯基摩人为了抵御严寒，常年穴居雪洞之中，而赤道附近的美拉尼西亚人由于炎热，终日蜗居林荫之下。而社会关系的差异，就一般社会关系而言，即政治、经济、文化的不同制度环境条件，决定了人们社会行为模式的一般差异。比如，独裁制度往往强调人们的义务本位，而民主制度一般主张人们的权利本位，由此人们会显示适应两种不同制度条件下的不同人格特点。就具体的社会关系而言，即人们在某一具体而特定的社会关系，比如在机关、企业、乡村、学校、医院、监狱、寺院等诸如此类"机构"或"单位"中所处的现实社会关系，则将深刻影响其个性结构，从而决定其独特的行为模式。

（三）"个性结构"与"社会关系"的相互作用

个性结构与社会关系是人格的两个面相，人格是两者相互作用的产物。这是说，人格既非"个性结构"，也非"社会关系"，但却可以说是"社会化的个性结构"或者"个性化的行为模式"。总之，只有从"个性结构"与"社会关系"的相互作用着眼，才会发现也才能理解"人格"现象。

（四）"现实自我及其社会行为模式"

个性结构的核心是具有意识和潜意识的现实自我。按照弗洛伊德的观点，这个自我的两极是"本我"与"超我"。"本我"与"超我"在面对"生存关系"时，为了适应生存的现实并实现生命存续或进化的目的，会作出趋利避害的行为抉择，由此形成应对生存现实的"自我"及其行为模式。这种协调个性结构与生存关系而形成的现实自我及其行为模式，从人的自然生物属性来看，是"人性"；从人的社会文化属性来看，就是"人格"。从这个意义来说，人是人性与人格的统一体。

由上述有关人格含义的探讨，可以推知"罪犯人格"的基本定义是："罪犯的个性结构与其监狱社会生存关系相互作用所形成的现实自我及其行为模式。"

同理，从"罪犯人格"定义，可以知道认识罪犯人格的基本途径和主要方法如下：

第一，了解罪犯的个性结构。

第二，考察罪犯的监狱社会生存关系。

第三，研究罪犯个性结构与其监狱社会生存关系的相互作用。

第四，识别罪犯的现实自我及其行为模式。

需要指出，以上关于人格和罪犯人格的概念与定义，主要提供了对于人格现象和罪犯人格现象的"思想方法"而非"实质知识"。作为思想方法，它可以用来指导却并不能够代替对于某一罪犯人格实质的知识判断。事实上，目前流行的各种测度或评估罪犯人格的理论与技术虽然层出不穷，但对罪犯人格认识，也只具备类型化、形式化等方法论的有限参考意义。因此，这里的主要问题是既然无法在实质意义上提供关于罪犯人格的具体知识答案，那么，自"预防刑"理论进入各国刑事立法与司法实践以来，人们实际解决罪犯人格实质认识或判断的基本方法又是什么呢？

第二节   罪犯的人格标签

一、罪犯人格标签的含义

当"预防刑"将报应刑赋予罪犯的统一"面具"揭开之后，它就面临如何认识和对待原来隐匿在"面具"背后一个个人格各不相同的罪犯。然而，预防刑理论和实践实际又如何解决罪犯人格实质认识的难题的呢？考察其对于罪犯人格实质认识的历史经验，可以发现其采用的主要方法是借助"意识形态"手段对"罪犯人格是什么"给予某种标签（假设）。那么，究竟什么是"罪犯人格标签"呢？所谓"罪犯人格标签"，是指预设在主流行刑理论、刑事立法、政策及其实践之中的关于"罪犯到底是一个怎样的人？"或"罪犯究竟具有怎样的人格？"的实质性判断。这一"实质性判断"之所以被称之为"标签"，是因为它是一个真伪未经证明的"假设"。"假设思维"原本是科学认识的基本方法之一。科学认识的一般逻辑是：首先，在先验或经验的基础上提出关于知识对象的假设命题；其次，对假设命题进行科学证明（证实和证伪）；最后，重复检验证明，判断结论的真伪。根据"科学假设"进行研究与发现，已经成为自然科学研究的常规方法之一，并被部分社会科学所仿效。不过，社会行动领域虽然也大量应用"假设思维"，但或者因为缺少科学认识的后两个必要环节，或者因为达不到证明的必要条件及其信效度。因此，其实质性判断的结论不是直接给予"标签"以政治正确性，就是由于始终处于真伪莫辨的"假设状态"。社会实践是一个竞争场域，各种社会力量通过相互博弈决定各自的胜负关系，其胜出者借助专制或民主的决策机制，有权对其偏好的观点或学说给出其认为正确的判断。从根本上来说，以往主权者主要根据"意识形态"的权力逻辑而非"知识形态"的真理逻辑来自证其是。"罪犯人格标签"其实是国家或社会在刑事实践领域对罪犯所给予的一种"意识形态"定义。

"罪犯人格标签"作为一种自觉或不自觉的应用"意识形态"，深受社会思潮的影响。根据法国著名学者米歇尔·福柯的研究认为，西方社会在18、19世纪开始流行一种"不正常的人"的人格观念。其中，麻风病人、恋童癖和罪犯被视为三种典型的不正常人[1]。传播这种人格观念的当事人，坚信他对于"不正常的人"的人格评价是一种完全真实的"全称判断"，而不是一种猜想性质的"假设"。但是，判定罪犯是一个不正常的人，如果未经科学证实或证伪，对于稍具科学素养的人来说是无法置信的。谬误本来显而易见，但正如福柯所指出的，这种"愚蠢的观念"开始在欧洲大陆逐渐流行，变成了大众化的主流意识形态，进而对各国的刑事立法与实践产生了深远的影响。各国当政者，尤其是专制国家的统治者为了维护统治的目的，经常故意强化这种对罪犯人格以偏概全的判断或未经证明的假设，通过"标签化"的方法，使之成为应用"意识形态"的极端工具。比如，在 20 世纪上半叶的德国纳粹统治时期，关于犹太人人格的一种傲慢而粗暴的假设就是"犹太人是妖魔"。将犹太人妖魔化的这一"标签化"的修辞手法，表达了纳粹德国的极端主义反犹意识形态，它为在集中营大规模"正当地"屠杀犹太人预设了逻辑前提。著名二战电影《辛德勒名单》中曾提供了令人难忘的一幕：科拉克集中营的一名德国武装看守清晨起来，走到朝向集中营大操场的阳台上，当他打着哈欠看到一位犹太囚犯在操场上跑步时，居然随心所欲地操起步枪瞄准，一枪就让那个跑步的犹太囚犯扑地倒毙。为什么此人能够那么满不在乎地扣动扳机？就因为他认为他干掉的是一个"妖魔"？由此可见，"罪犯人格标签"一经传播，将会产生非常荒谬的社会后果。当然，像"犹太人是妖魔"这样极端的罪犯人格标签，往往产生于人类社会发展"极不正常"的历史年代。不过，即使在比较正常的历史年代，关于"罪犯人格"的实质判断，多半采用"标签化"这一修辞学手法所构造的未经证实或证伪的"假设思维"。

二、罪犯人格标签的分析

如前所述，为了实现"行刑一般正义"的目的，古典"报应刑"以规范化的"面具"制度对罪犯人格问题进行了"去人格化"的简化处理，表明它关注的只是服刑罪犯的规定角色表现，至于罪犯个性差异则被排除在面具规范之外。如果说古典"报应刑"也有预设的"罪犯人格"实质定义，那就是"罪犯是一个触犯刑法、应受刑事处罚的人"。但这一描述行为事实特征的人格假设，排除了人格的个性差异，因此，完全不能满足"预防刑"的目的诉求。为了实现"预防犯罪"的目的，"预防刑"关注的重点不是"行为"而是"行为人"。因此，必须对"具有个性差异的行为人究竟是一个怎样的人"作出"实质性判断"，以便采取针对性的预防措施。事实上，迄今为止的"预防刑"理论与实践，已经形成了一个包含"教诲刑""改造刑""矫正刑"等不同主张的刑事司

---

〔1〕 参见［法］米歇尔·福柯著，钱翰译：《不正常的人》，上海人民出版社 2003 年版，第 23 页。

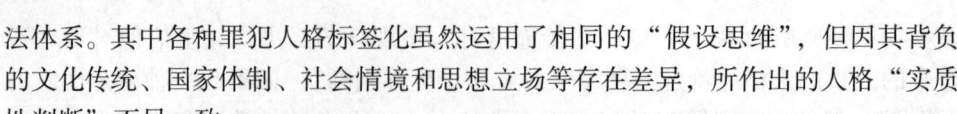

法体系。其中各种罪犯人格标签化虽然运用了相同的"假设思维",但因其背负的文化传统、国家体制、社会情境和思想立场等存在差异,所作出的人格"实质性判断"不尽一致。

以下以"预防刑"体系中的主要类型"教诲刑""改造刑""矫正刑"为例,对其"罪犯人格标签"的不同实质含义进行简要说明:

（一）"教诲刑"的罪犯人格标签化——"恶人说"

"教诲刑"是以"道德教诲"为主要内容和方法的一种预防刑理论与实践[1]。"教诲刑"之所以主张对罪犯施以"道德教诲",是因为它以传统的礼法观念为思想基础,认为导致人们犯罪的主观原因主要是道德品质缺陷,它假设"罪犯是一个有道德品质问题的人",即假设罪犯是一个道德上的"恶人"。"恶人说"为"教诲刑"提供了"罪犯人格标签"的合理性,因为有道德品质上的"恶劣性",故需通过"道德教诲"使之"弃恶从善",从而避免重新犯罪。

（二）"改造刑"的罪犯人格标签化——"敌人说"

"改造刑"是以"思想改造"为主要内容和方法的一种预防刑理论与实践[2]。"改造刑"之所以主张对罪犯施以"思想改造",是因为它以马列主义的阶级斗争和无产阶级专政学说为思想基础,认为导致人们犯罪的主观原因主要是政治思想缺陷,它假设"罪犯是一个有政治思想问题的人",即假设罪犯是一个政治上的"敌人"。"敌人说"为"改造刑"提供了"罪犯人格标签"的合理性,因为有政治思想上的"敌对性",故需通过"思想改造"使之"彻底转化",从而避免重新犯罪。

（三）"矫正刑"的罪犯人格标签化——"病人说"

"矫正刑"是以"心理矫正"为主要内容和方法的一种预防刑理论与实践[3]。"矫正刑"之所以主张对罪犯施以"心理矫正",是因为它以心理疾病与治疗的基本理论为思想基础,认为导致人们犯罪的主观原因主要是心理行为缺陷,它假设"罪犯是一个有心理行为问题的人",即假设罪犯是一个心理上的"病人"。"病人说"为"矫正刑"提供了"罪犯人格标签"的合理性,因为有心理行为上的"病态性",故需通过"心理矫正"使之"全面康复",从而避免重新犯罪。

上述三种"罪犯人格假设"分别代表了道德、政治、医学等不同行刑意识形态的立场和观点,无论是"恶人说""敌人说"还是"病人说",皆试图对于

---

〔1〕　中国从日本移植该制度始于清末,止于1949年,然后转入中国台湾地区。

〔2〕　从苏联借鉴该制度始于"革命根据地",20世纪50年代之后正式引进并延续至今。

〔3〕　从英美等国借鉴该制度,在我国台湾地区始于20世纪60年代,而大陆晚至20世纪80年代中期并延续至今。

充满个性差异的罪犯人格提供一个适用其全体的实质性判断，以此指导具体的行刑实践。但从罪犯人格的"学理定义"和科学认识的"假设思维"加以考量，在三种"罪犯人格标签"的意识形态判定与罪犯人格真相的具体事实之间，无法提供合乎"科学实证"准则的知识证明。因此，其见之于刑事立法和刑事政策的罪犯人格实质判断，或"以偏概全"或"指鹿为马"。总之，如何提供一种真实可靠的罪犯人格实质判断，对"预防刑"的理论与实践来说还是一个有待解决的难题。[1]

第三节　罪犯的人格异化

一、罪犯人格异化的含义

"罪犯人格异化"是指罪犯人格在监狱服刑过程中所发生的扭曲与变异现象。其中，罪犯人格的监狱化（亦称"监狱人格烙印"）是罪犯人格异化的典型表现形态之一。[2]其主要特点是罪犯在逐步适应监狱生活的过程中，不知不觉产生对监狱的深度依赖，变得只适合在监狱中生活，以至丧失对于狱外自由生活的渴望和重新适应的信心与能力。

著名监狱题材影片《肖申克的救赎》(*The Shawshank Redemption*)为诠释"人格监狱化"现象，提供了具有典型意义的教学素材[3]。在该片中，作为"重度监狱化人格"的经典类型之一是其中一个重要人物老布鲁克斯。老布鲁克斯在名为"肖申克"的这所重刑犯监狱中服刑长达五十余年，度过了人生的大部分时光。由于出狱后在新的社会生活中找不到"人格自由"，又无法重返监狱这个昔日的"家园"，最后，在中途之家悬梁自尽了（参见图6-3）。

---

〔1〕 针对上述难题，作为解决方案，郭明在其"略论罪犯人格的实质认识问题""'契约刑'论：探求刑事正义的法治解决之道"等研究论文中比较分析了不同人格实质认识的语境差异，并以"刑事契约论"或"契约刑论"的新兴古典刑事法理理论为语境，提出了"刑事债务人"的人格实质论。该理论从契约法治的视角，提出"罪犯是一个刑事债务人"，简称"债人说"，主要认为"犯罪引起刑事债务，被害人是刑事债权人，因而罪犯是刑事债务人。由此，刑事判决书是刑事还债合同书（刑事契约），刑罚就是依照刑事还债合同书清偿刑事债务的方法"。郭明："'契约刑'论：探求刑事正义的法治解决之道"，载《人民大学复印报刊资料（刑事法学）》2010年第2期。郭明："略论罪犯人格的实质认识问题"，载《中国监狱学刊》2012年第3期等。

〔2〕 需要说明，"人格监狱化"不仅是罪犯人格的变异现象，也可以指看守人格的变异现象。

〔3〕 该片改编自斯蒂芬·金的《不同的季节》(*Different Seasons*)中收录的《丽塔海华丝及萧山克监狱的救赎》。可作为教学案例，在学习该节时提前观看该片及阅读有关介绍资料。

图6-3：老布鲁克斯在中途之家悬梁自尽的一幕

　　除了老布鲁克斯，还有在"监狱化"和"去监狱化"之间挣扎的具有"中度监狱化人格"烙印的瑞德。这个为人聪明、处事干练的囚犯对自己被"监狱化"的过程有比较清醒的体悟。他始终处在抗拒被监狱化，又似乎无力抵抗被监狱化的矛盾心理之中。他对"人格监狱化"的含义及其后果理解深刻。比如，他曾不无忧虑地说道："监狱里的高墙实在是很有趣啊。刚入狱的时候，你痛恨周围的高墙；慢慢地，你习惯了生活在其中；最终你会发现自己不得不依靠它而生存。"这就是你已被"监狱制度化"了（Personality Institutionalized）（参见图6-4）。

图6-4：在"监狱化"和"去监狱化"之间挣扎的瑞德

在该片中，还有被瑞德喻为"关不住的鸟"的狱友安迪。这个"三高"（高智商、高情商、高能商）囚犯，代表了"反监狱化人格"的一种典型类型。个性坚韧的安迪在狱中的行为模式与监狱制度格格不入。虽然经受了种种挫折，但其个性并未丝毫改变，只是学会了巧妙的伪装与隐忍的斗争。他和瑞德说"这世上的人们，不是忙着去生，就是忙着去死"。他要忙着去生，哪怕付出死的代价也在所不惜。他抗拒"监狱化"自有其法。比如，对他来说，让内心充满莫扎特的音乐，可以抗拒被"关禁闭"时的漫长孤独与空虚。这是老布鲁克斯和瑞德不具备的素质和能力。经过19年的忍耐与行动，他终于借机逃离肖申克监狱，并踏上了梦寐已久的自由之乡——墨西哥湾的约翰塔尼奥岛（参见图6-5）。

图6-5："三高"囚犯安迪从瑞德手里弄到了挖穿牢墙的鹤嘴锄

总之，罪犯人格的监狱化、去监狱化和反监狱化现象是罪犯在监狱特有的制度性生存境遇中呈现的人格变化真相之一，其发生具有必然性。充分认识这一客观现象，对于掌握罪犯服刑的行为原理具有重要意义。

二、罪犯人格异化的机制

如果说，在监狱制度中发生罪犯人格异化现象具有必然性，那么，这种必然性隐含了怎样的心理机制呢？以下拟选取了描述"监狱化过程及其行为特征"的四个关键词，试解释罪犯人格异化的一般原理。

对有关的经验材料进行抽象分析，可以发现人格监狱化的过程一般将经历"忍受、适应、依赖、习惯"四个必不可少的阶段。这四个阶段，从心理适应与

改变的角度看，也可以说是一种"强化、顺化、同化、固化"的演进过程。

第一，忍受。忍受是罪犯的原有人格因无法抗拒监狱强硬的制度性力量所体验到的一种痛苦心理及其屈就姿态。经过日复一日的忍受，如果忍受不再像原先那样痛苦难忍了，就表明了服刑的现实逐渐被接受。

第二，适应。因为认识到只有适应，才可争取到利益的最大化。于是，适应不再是被迫的反应，而是主动的应变。在主动的应变中找寻自己的"生活满足"，哪怕这种满足是多么的卑微，但从中多少能够体会到人性犹存。

第三，依赖。随着适应监狱制度的深化，"监狱"开始进驻其身心，逐渐地，对他而言，"监狱"以外的世界不再比"监狱"更重要了。因为"监狱"包租了他的吃穿住行、生老病死、悲欢苦乐、爱恨离合。监狱就像是他的"家"，而他则像是"监狱之家"的一个家庭成员。

第四，习惯。他的自我及其行为模式已经与监狱制度完成磨合，其固化程度如同螺丝与螺帽的关系。按照瑞德的说法，过去那个人格中的"我"已经不存在了，现在的人格外套里装的是另一个"我"。他对假释官员说："那个年轻人早已淹没在岁月的长河里，只留下一个老人孤独地面对过去。重新做人？骗人罢了！小子，别再浪费我的时间了，盖你的章吧，我没什么可说的了。"由此可见，习惯是如此难以改变，甚至使假释出狱的瑞德在外面的世界，和老布鲁克斯一样感到了身心的不习惯和不自由。他说："我请示允许撒尿请示了30年，没有许可我一滴也尿不出来。我面临着一个严酷的现实：在外面，我没有办法恢复正常。""现在我一心只想中断我的假释。我想回去，回到对我有意义的地方，回到我永远不必担惊受怕的那个地方。"

综上所述，罪犯"人格监狱化"是罪犯人格从忍受、适应强制者，到依赖、习惯强制者的过程。其结果是罪犯人格与监狱制度融为一体，效应是其身心"永远走不出监狱的高墙"，只能在高墙中体会其人格存在的些微自由与意义。也就是说，令其重新适应新环境的信心、能力和价值已经彻底丧失。经验研究表明，人格监狱化的程度，往往与其刑期的长度、隔离的深度、规训的强度以及保障的程度成正比。换言之，刑期越长、隔离越深、规训越强、保障越好，则越容易形成监狱化人格。

最后，需要指出的是，虽然"人格监狱化"现象在"监狱制度"中的表现最为典型，但其发生却具有普遍性。这是说，它不仅是监狱人的制度性生存效应，也是人在其他各种制度性生存中的人格异化效应。由于处在"人与制度"的二元社会关系之中，人在其"制度性生存"中总会面临"人格的制度化"的两难困境：一方面，"人格的制度化"是一个无法避免的制度效应；另一方面，"人格的制度化"还会产生"人格的去制度化或反制度化"这一伴生现象。质言之，有人格的"制度化"，就会有人格的"去制度化"或"反制度化"。这是一种具有悖论意味的人与制度的纠缠关系。从这一意义上看，"人格监狱化"现象不过是"人格制度化"现象的一个特例罢了。

人类无法不在制度中生存，制度化还是去制度化或反制度化，对大多数人来讲是一个哈姆雷特式的两难选择。由于很少像老布鲁克斯那样因为走不出"监狱制度"而死去，或者像安迪那样终于走出"监狱制度"以生还，因此，常见情形是大多数人会像瑞德那样，在制度化与去制度化或反制度化的两极之间奋力挣扎并终其一生。因此，无论监狱还是社会，可以说存在着同样的制度困境。在争取人格自由的道路上，人们与囚犯一样，除了自助天助，恐怕别无他途。

思考题

1. 为什么会有罪犯人格问题？如何理解罪犯人格的基本定义？
2. 什么是"罪犯人格标签"？为什么会有"罪犯人格标签"？
3. "预防刑"有哪些典型的罪犯人格标签？其主要联系和区别是什么？
4. 什么是罪犯人格异化？如何理解罪犯人格监狱化的机理及其意义？

第七章 罪犯权利论

内容提要
- 本章从权利含义及罪犯权利案例入手，阐述了罪犯权利的一般概念，并分析了罪犯权利的来源和边界。然后，从法源视角，简要介绍了罪犯权利的构成体系。最后，探讨了罪犯权利保护的主要途径和方法。

关键词
- 罪犯权利　罪犯权利构成　罪犯权利保护

 **第一节　罪犯权利的含义**

一、罪犯权利的含义

认识罪犯权利的含义，可以从了解"权利"的含义开始。一般认为，权利的核心含义正如其字面所示，是指"有权支配利益"。拓展而言，可指权利主体在一定社会关系中基于一定的规范所享有的资格和利益。虽然持有不同"权利观"或"权利学说"的人们，对于权利会有各自不同的定义。不过，无论何种权利定义，一般认为应当具备以下几项特征：其一，权利存在于一定的社会关系之中；其二，权利是以一定的利益为内容的；其三，权利是一种主体资格；其四，权利总是以一定的社会规范为根据的；其五，权利总是和一定的义务相对应的。

根据上述权利定义及其特征，所谓罪犯权利，其一般含义是指具有罪犯身份的人所应享有的权利。具有以下主要特征：其一，罪犯权利存在于一定的监狱社会关系之中；其二，罪犯权利是以一定的服刑利益为内容的；其三，罪犯权利是罪犯的一种主体资格；其四，罪犯权利总是以一定的刑事社会规范为基础的；其五，罪犯权利总是和一定的服刑义务相对应的。

为了有助于具体理解罪犯权利的复杂含义，先了解一下有关罪犯权利问题的几个典型案例：

案例 1： <u>罪犯的结婚权问题</u>[1]

赵某是一家外资公司负责人。10 年前他与石某相识并同居。两人同居数年后，赵某因一起信用证诈骗案被判处无期徒刑（后获减刑），在某省某监狱服刑。石某也因犯罪被判处 5 年有期徒刑，在某市某监狱服刑。2003 年，石某出狱，随后石某多次探视赵某，两人都想结婚，欲办手续时，碰到了棘手的难题：按以往法律规定，民政部门可以到监狱办理手续，但自 2003 年 10 月 1 日后实施的新《婚姻登记条例》规定，婚姻登记必须两人在婚姻登记机关进行。如让赵某出狱办理手续，又不符合监狱管理的规定。此事由某市的《都市快报》以《她想嫁给他好像有点难》报道后，引起了当地省监狱管理部门的高度重视，为此专门向司法部作了书面请示。2004 年 5 月下旬，司法部经研究批准了赵某出狱成婚的请示。试问，罪犯在服刑期间是否可以申请结婚？批准赵某和石某结婚的法律依据是什么？

案例 2： <u>罪犯的受教育权问题</u>[2]

易某原是某直辖市建筑公司经理、总工程师、国家二级项目经理，因先后贪污作案 101 次，侵吞人民币 320 万元，另有 95 万元来源不明，获称"万州第一贪"，被判处无期徒刑。在服刑期间，易某萌生了读书的念头，先后 6 次向该市某大学贸易及行政学院申请读 MBA 进修班，学校破格招收了他，并对其作出了减免学费、派教授专门到监狱中授课的决定。易某的学习得到监狱领导的极大支持，鼓励他将刑期变为学期。该事引发了媒体的广泛关注，争议的焦点是：他有没有在服刑时接受高等教育的权利？有没有权利读 MBA？

案例 3： <u>罪犯的劳动报酬权问题</u>[3]

某省在全国率先推行本省罪犯劳动报酬制度改革。据统计，每月全省发放罪犯劳动报酬总计二百多万元。根据该省监狱主管部门的规定，凡参加劳动的罪犯，每月按发放标准可领到 10～300 元不等的"工资"。监狱除了发放劳动报酬外，还执行国家有关劳动保护的规定，及时发放罪犯必需的劳动保护用品和相关岗位津贴。据悉，罪犯劳动报酬的考核发放，实行按日考核按月兑现，劳动报酬直接划入罪犯个人账户并进行公布。试问，罪犯参加劳动是权利还是义务？给罪

〔1〕 详见"浙江省首例服刑人员出狱结婚"，转引自杭州网，载 http：//www.hangzhoou.com.cn. 2004 年 6 月 19 日访问。

〔2〕 详见"认真对待和保障罪犯的权利"，载《法制日报》2002 年 12 月 12 日，第 8 版。

〔3〕 详见"福建监狱系统率先全面推行罪犯劳动有酬管理"，转引自搜狐新闻，载 http：//news. shou.com. 2003 年 12 月 9 日访问。

犯发放劳动报酬的法律根据是什么？

从以上所举案例可以看出，罪犯权利问题具有复杂的立法或司法的属性表现，究竟什么是罪犯权利？在不同的社会条件下，罪犯权利具有怎样的一般性和特殊性？如何进行罪犯权利的立法保障和司法救济？总之，认识罪犯权利问题，需要借助基本的权利定义，比较各种相关的权利理论，结合案例的实际情况进行具体而深入的法理分析。

二、罪犯权利的来源

罪犯为什么具有权利涉及权利的来源问题。在权利来源问题上，中外学者有主张权利源于天赋论、权利源于社会契约论、权利源于道德论、权利源于法律论等不同的理论学说。关于权利来源的各种理论对于罪犯权利来源的认识均具有启发意义，关键是如何从中进行理论取舍。罪犯虽然因为损害社会而被国家机关宣示为一类特殊群体，在刑罚执行下被剥夺或限制人身自由或其他权利，但他们依然享有作为一个人和一个公民的各种尚未被剥夺和限制的权利。这说明罪犯权利来源既具有普通公民的一般性，也具有特殊公民的特殊性。

（一）罪犯权利的一般来源

1. 罪犯权利源于天赋

在漫长的奴隶时代和封建时代，野蛮、残酷是刑罚的主要特征，罪犯无权利可言。刑罚的根本目的在于威慑，罪犯不被当人看，罪犯是以一个被折磨、被报复的对象而存在的。近代资本主义人文精神复兴之后，人的尊严和自然价值得以弘扬，"人"被推崇到一种崇高的价值地位，"罪犯是人"同样成了一个不容置疑的衍生观念。"罪犯是人"，因而罪犯也同其他人一样具有天赋的自然权利。从自然属性上讲，罪犯是一个生物学上的"人"，有着和其他社会身份的人一样的生理、安全等需要。人的本性是对延续和发展其生命及其从事社会活动所必需的条件的一种渴求，这是内在的、本质的属性，是人生命力的根据，有了自然需要才使人与他人保持了深刻的社会联系。从这个意义上来讲，罪犯权利是一种植根于人性的自然权利，是一种与生俱来的天赋权利。

2. 罪犯权利源于法定

从规范的角度来审视罪犯权利的来源，则看到罪犯权利总是与特定的法律现象相联系，无论是古代习惯法，还是现代制定法，权利是法律规定的产物。在现代法律的视域里，公民的概念涵盖了罪犯。比如，根据宪法和法律的规定，从公民权利便可推导出罪犯权利。其基本逻辑是：公民具有宪法和法律赋予的权利；因为罪犯是公民，所以罪犯同样具有宪法和法律赋予的权利。现行《宪法》中第二章规定的就是"公民的基本权利和义务"。既然罪犯是公民，则罪犯也享有未被剥夺和限制的公民基本权利。此外，国家的民事法律、刑事法律、行政法律等均规定了各种相应的权利，罪犯作为特定法律关系中的主体，可以享有该法律关系中的权利。公民的概念乃是法律的产物，因而，罪犯权利亦从法律出。与权利天赋说不同，权利法定说认为，任何权利必须经由法律规定才称其为权利，也只有法律保障才能称之为权利。这种权利源于法定的观念和制度，是罪犯获得权利和保障权利的重要现实依据。

（二）罪犯权利的特殊来源

罪犯是处于特定现实社会关系中的人。这是说，当罪犯处于特定的监狱行刑社会关系中时，他作为一个罪犯的身份权利是受到特定的行刑立法形态所规定的。无论罪犯处于刑事执行诉讼关系中，还是处于狱内行政管理关系之中，特定的社会关系给罪犯造就了一种具体而现实的权利与义务关系，反映了罪犯权利的现实法律来源。就此而言，各国罪犯权利的特殊来源只能是各国现行监狱法律体系关于罪犯权利的特定法律形态，包括该国有关罪犯权利的所有法理、法条和法案等。

三、罪犯权利的边界

任何权利都是相对的，因而是有边界的。罪犯权利的边界是罪犯作为特殊公民所具有的权利与义务范围及其界限。其形成的原因和后果主要表现在以下两个方面：

（一）基于适用刑罚而产生的权利边界

罪犯由于违背了普通公民权利行使的限度，因而带来了相关权利的被剥夺和限制，而这种剥夺和限制是通过刑罚的适用来体现的。其中，最主要的是罪犯除了必须补偿给其他人造成的权利侵害，还应当承担国家加在其身上的特殊义务，包括被剥夺自由或者财产、资格等利益，并承受因为服刑而导致的利益或机会等损失。如果不是因为犯罪而被追究刑事责任，罪犯权利的限制和一般公民的权利限制一样，它服从于一般自由限制的边界。

（二）基于监禁惩罚而产生的权利边界

监禁惩罚究竟剥夺和限制了罪犯的哪些原本拥有的普通权利及产生了哪些特殊义务，从而形成不同于普通人的不可逾越的权利及义务边界？从禁止的角度而言，主要有：一是没有人身行动自由。此处的"自由"不同于作为权利基础的"自由"，它单指人身行动自由。在纯粹自由刑的监禁惩罚中，剥夺自由其实就是丧失狱外人身行动自由。二是不能与家庭正常接触。三是不能参与国家政治和社会公共事务。四是不能参与其他相关社会事务。

在自由刑执行中，罪犯权利的边界问题也可以理解为是对罪犯权利的剥夺和限制可以到何种程度以至于罪犯实际可以拥有的权利状态的问题。因而，这也是刑罚适用和执行的实际边界，明确罪犯权利的边界可以使刑罚这种权力的运用被

规定在合法的限度之内。英国学者边沁认为："犯罪是禁止的恶；而刑罚同样也是恶，是必要的恶，是不得已的恶。"只有严格按罪刑法定原则、罪刑相适应原则行刑，明确和尊重罪犯的权利及义务边界，才能公正而有效地履行刑罚的职能，实现刑罚的目的。

第二节　罪犯权利的构成

一、罪犯权利构成的含义

罪犯权利构成是根据一定的分类视角，对于罪犯权利现象进行结构分析所获得的体系认识。换言之，采取不同的分类视角，可以发现罪犯权利具有不同的构成特点。比如，从法益视角区分，罪犯权利包括政治权利、经济权利、文化权利等权利类别；从法源视角区分，则包括宪法、刑事法、民事法、行政法等权利类别。

二、罪犯权利的一般构成

以下以当代中国法律渊源为根据，即借助法源视角对我国罪犯权利的一般构成进行简要归纳和分析：

（一）罪犯的宪法权利

宪法是国家的根本大法。宪法中规定的公民权利是罪犯权利的基本法律来源。《宪法》第二章规定的"公民的基本权利"，具体包括：平等权，选举权和被选举权，宗教信仰自由权，言论、出版、集会、结社、游行、示威的自由，通信自由权，申诉权，控告权，检举权，劳动权，休息权，受教育权，从事科学研究的权利，男女平等权。对照公民的基本权利，可以明确罪犯未被剥夺或完全限制的宪法权利主要有：人格平等权利、宗教信仰自由权利、通信自由权利、申诉权利、控告权利、检举权利、劳动权利、休息权利、受教育权利、男女平等权利。

（二）罪犯的刑事权利

罪犯的刑事权利主要由刑事法律，包括刑事实体法（刑法）、刑事程序法（刑事诉讼法）和刑事实体与程序执行法（刑事执行法、监狱法等）等加以规定。换言之，刑事法律和罪犯的基本权利和刑事权利关系极为密切。比如，刑法规定了虐待被监管人罪，即具有监管职责的监狱管理人员虐待被监管人，要追究刑事责任。这表明罪犯的生命、健康、人格等具有不受酷刑及不人道对待的权利。又比如，在《监狱法》第7条中有对罪犯的人格尊严权、申诉权以及其他权利的规定。同时，在该法中间接地重申了会见权、通信权、受教育权、劳动权、劳动保险权、休息权等不受侵害的规定，需要说明，这是一些宪法性权利而非刑事权利，与普通公民相比，罪犯刑事权利及其特殊性，除了刑事诉讼、申诉、控告、检举等权利外，主要表现在有条件地享有变更原判刑罚的系列权利，包括减刑权利、假释权利、保外就医权利、申诉改判权利等。

（三）罪犯的民事权利

罪犯的民事权利来源主要见之于民法、婚姻法、继承法、知识产权法等法律。民法是调整平等主体之间的财产关系和人身关系的法律规范，用以确认和调整公民的财产权利和人身权利。民事权利一般包括物权、债权、人格权和身份权、知识产权等。其中，物权包括占有、使用、收益、处分等权利；自然人的人格权包括生命权、健康权、身体权、姓名权、隐私权、肖像权、名誉权、荣誉权等。婚姻法是规定婚姻家庭方面的法律规范，具体规定夫妻双方和父母子女之间存在的权利和义务关系，包括结婚权、离婚权、父母对子女的监护权、配偶同居权、生育权等。继承法规定对被继承人的遗产享有的继承权。知识产权法规定著作权、专利权、商标权等。

由于罪犯处在被剥夺和限制人身自由的服刑社会关系之中，以上所列普通公民的各种民事权利，其绝大部分不能有效加以行使或只能部分地有效行使。换言之，虽然从法理上讲，罪犯除了被剥夺狱外人身自由权利一项外，其他民事权利均不在剥夺之列，但正是由于不能自由行使人身自由权利，除了财产权利和人格权利中虽未加限制却受到不同程度削弱的权利，如物权、债权、继承权、生命权、健康权、身体权、姓名权、肖像权、名誉权、隐私权等，其他民事权利的行使受到了从完全到部分的不同程度限制。其中，完全限制的民事权利，如婚姻权利中的结婚权、同居权、交媾权、生育权、监护权等；部分限制的民事权利，如探亲权、择业权、报酬权、著作权、专利权、荣誉权等。上述民事权利的削弱或限制所丧失或沉没的人生收益，构成了罪犯感受和体会服刑痛苦的主要根源之一。

（四）罪犯的行政与社会权利

监狱是一个特殊的社会组织，具有自身的行政组织关系及其行为规范。为了维护和保障监狱社会组织活动的正常运行，需要赋予罪犯必要的狱内行政与社会活动的基本权利及其义务。而这方面的权利和义务确认主要源于《监狱法》及有关监狱行政规章的相关规定。比如，《监狱法》在其"狱政管理""罪犯教育"等章节中就明确规定了罪犯应当参加监狱组织的各种劳动、学习、文卫、考评等义务，但同时规定了可以担任其中的相关职务工作，可以享有建议权、申告权和获得表彰、奖励等权利。

第三节　罪犯权利的保护

一、罪犯权利保护的概念与原则

（一）罪犯权利保护的概念

权利一般通过立法而明确，但权利的实现依赖相应的司法制度、政策手段和技术措施等保护条件。如果缺乏相应的保护条件，权利就只是纸上谈兵而不能转化为现实利益。所以，和权利的确认一样，权利保护对于权利实现也是不可或缺的。

权利保护的途径和方法一般可以分为两个方面：一是权利保障。所谓权利保障是指用以实现法定权利的一切现实条件的总和。罪犯权利保障就是用以实现罪犯法定权利的一切现实条件的总和。二是权利救济。所谓权利救济，是指当法定权利遭受不法侵害之时可用以恢复的一切现实条件的总和。

罪犯权利保护具有十分重要的意义。首先，因为任何法定权利都是权利主体诉诸立法的应然形态，因此，权利的实现必然需要物质、制度和文化等基础条件。没有相应的保护性条件，任何权利都是难以真正实现的，罪犯的法定权利实现也需要相应的条件加以保障。其次，当法定权利在实现过程中受到外在因素的损害和威胁时，只有通过有效的救济才能加以恢复，但任何有效的救济必以相应的制度为前提。例如，我国法律体系中规定的申诉制度、控告制度、检举制度、正当防卫制度（私力救济的依据之一）、诉讼制度（司法救济的依据）等，就是为实现救济提供保护的制度设计。

（二）罪犯权利保护的原则

罪犯权利保护是一项艰巨的工作，除了必须遵循"司法公正"的基本原则，还应当自觉依照以下原则：

1. 均衡原则

所谓均衡，就是不同利益主体之间实现公平的对待。罪犯权利的保护必须考虑罪犯与罪犯之间、罪犯与社会之间的平衡。从严格的意义上来说，罪犯之间的权利应当具有平等性。但是，不是所有罪犯具有同样的权利。只能说，在基本的权利方面，罪犯的权利范围是一样的。比如，生命权、健康权、人格权等。但是，有些权利的范围是有差异的。这种差异的来源基于客观环境的制约和罪犯人身危险性的考虑。也就是说，这里强调的是权利的实质平等。除了罪犯相互之间保持权利平等外，尤其应关注罪犯权利应当和普通公民之间保持一定的平衡，也即罪犯的权利变动应当符合社会一般权利发展的水平和趋势。罪犯权利范围和水平的超前或滞后，都是违反平衡性原则的。

2. 法制原则

罪犯权利保护的是其法益，依据的是法律。这是说，罪犯的权利保护必须依照法制原则进行，法制原则为依法保护提供了一条基本准绳。

二、罪犯权利保护的内容与方法

罪犯权利保护的内容与方法，可以分为权利保障和权利救济两个方面：

（一）罪犯权利保障的内容与方法

1. 罪犯权利的立法保障

立法保障罪犯权利的主体是国家。只有国家才能通过立法程序来明确罪犯的权利。其原因主要是：其一，国家拥有特殊的强制力，能够制止和惩罚一切机关（包括行刑机关）、团体、企事业单位和公民侵犯罪犯权利的行为，保证其权利不受妨碍，并在权利受侵害时得以恢复和矫正；其二，只有国家才能用其强大的政治力量和经济基础、物质设施来保障罪犯权利的实现。

从立法上看，我国对罪犯权利的保障基本反映了人权保障的世界性趋势。其一，从宪法来看，我国宪法在规定公民的基本权利时，对限制性的规定较少。2004 年的《宪法》中还增加了"国家保障和尊重人权"的条文。"人权入宪"对罪犯权利的保障产生了积极的影响。其二，从刑法、刑事诉讼法等一般刑事法律来看，同样比较充分地体现了法律保障和救济的内容。刑法中对减刑、假释、缓刑等予以明确规定，监管人员如侵犯罪犯权利，构成犯罪的，应受刑事制裁。其三，从监狱立法情况来看，比如，1954 年政务院颁布的《中华人民共和国劳动改造条例》虽无保护罪犯权利的具体条款，但在行刑实践上，一直倡导人道主义政策，主张"把罪犯当人看"。1994 年《监狱法》的颁布，标志着我国在对罪犯权利的立法保障上进入了一个新阶段。该法第 7 条不仅规定了罪犯权利的范围，同时也规定了监狱人民警察的职责和权力范围，禁止监狱人民警察行使违法的行为。当然，必须看到该法的权利立法仍比较原则，还应当通过制定详细的《监狱法实施细则》，将其中诸多条文逐渐具体化。

2. 罪犯权利的司法保障

（1）审判机关对罪犯权利的保障。我国的审判机关是人民法院。人民法院除对少数罪行极其严重的犯罪人判死刑外，对绝大多数犯罪人根据罪行轻重，依照罪刑法定原则判处不同的刑罚；对罪犯该处死不需立即执行的判死刑缓期 2 年执行，期满后可根据不同情形改判无期徒刑或者有期徒刑。人民法院对那些犯罪情节轻微，认罪态度较好，且不致危害社会的犯罪人实行缓刑。对罪犯不服判决提出申诉的，人民法院也给予切实保障。对申诉案件，人民法院要认真审查。为保障罪犯权利，司法工作人员对因罪犯在服刑期间犯新罪而对其搞刑讯逼供，构成犯罪的，人民法院要依法予以制裁。减刑和假释是法院的法定权力，对正在服刑的罪犯的减刑和假释申报材料应当及时审查。如果符合减刑和假释条件，则应当及时给予减刑和假释。在民事活动中，罪犯作为民事法律关系的主体，其权利也得到了相应的保障，如诉讼中的起诉或答辩权、合法财产权、继承权、著作权等。

（2）检察机关对罪犯权利的保障。权利往往在受到阻碍时更能体现出来。当罪犯的合法权利受到阻碍时，通过检察机关对刑罚执行权的有效监督可以促进罪犯权利的保护。根据《刑事诉讼法》第265条规定："人民检察院对执行机关执行刑罚的活动是否合法实行监督。如果发现有违法的情况，应当通知执行机关纠正。"《监狱法》第6条规定："人民检察院对监狱执行刑罚的活动是否合法，依法实行监督。"作为国家法律监督机关的人民检察院在对罪犯权利的保障方面主要体现在设立常驻检察机构，加强执行监督和依法行使侦查权，追究直接或者间接侵犯罪犯权利的监狱管理人员的刑事责任。检察院的监所检察部门对于监狱的司法警察利用职权实施的非法羁押、体罚虐待、刑讯逼供罪犯的人，贪污挪用罪犯的生活费以及徇私舞弊减刑、假释、暂予监外执行等侵犯罪犯合法权益的犯罪案件进行查处。

（3）行刑机关对罪犯权利的保障。主要表现在：一是物质上的保障。如建立"坚固、严密、庄重、文明、整洁"的监舍，使监狱场所成为一个物质环境文明的场所。为保障罪犯的吃、穿、住等基本条件，建立生活保障体系；为保障罪犯的身体健康权利，建立医疗设施；为保障罪犯的休息、娱乐，建立文娱、体育设施；为保障罪犯的接见权、通讯权，建立接见室、通信设施等。二是人事上的保障。为保障罪犯合法权利，建立一支政治强、品德好、业务精的监狱管理人员队伍。我国《监狱法》第13条明确规定："监狱的人民警察应当严格遵守宪法和法律，忠于职守，秉公执法，严守纪律，清正廉洁。"《监狱法》还明确指出监狱的人民警察不能索要、收受、侵占罪犯及其亲属的财物，不得刑讯逼供或者纵容他人殴打罪犯，不得为牟取私利，利用罪犯提供劳务。并且，该法还进一步规定，监狱的人民警察如有这些行为，构成犯罪的，依法追究刑事责任；尚未构成犯罪的，应当予以行政处分。三是行刑职权上的保障。罪犯权利的真实行使，很大程度上依赖监狱刑罚执行职权的保障。在罪犯权利行使的领域，同时也是公权力——刑罚权积极活动的领域。因此，依法规范刑罚执行中的公权力行使，可以有效地制约公权力滥用对罪犯权利的侵犯。四是执法程序上的保障。保证监狱执法活动公开，包括执法的依据、程序、结果及监督投诉的方式向社会公开，接受社会监督，对罪犯权利的保障也具有重要作用。

3. 罪犯权利的社会保障

社会保障是社会组织和社会公众对罪犯权利的保障，是罪犯权利保障的有力补充。这种保障主要包括三个方面：

（1）物质保障。监狱不是单纯超越于社会之外的机构，监狱的设置和运行，必须依赖于整个社会物质上的支持。为了保障罪犯的权利，监狱的物理环境就是最基本的条件。其中，监狱地点的选择、监狱各种设施的建造、监狱空间的布局等，均需要利用各种社会资源进行合理、有效的配置，争取社会的大力支持。

（2）组织保障。现代的行刑理念已经摒弃了单纯报应的主张。因此，通过监狱和其他机构的组织力量，促进罪犯认罪悔过和自我更新，使之适合重返社会的需要，已经成为国际社会的主流行刑理念。保障罪犯人权，促进罪犯的社会化，必须依赖于社会的广泛支持，比如，利用精神病医生、文化工作者、心理工作者、教育工作者、律师等各种社团力量提供相应的专业服务，就是必不可少的保障措施。

（3）精神保障。社会舆论可以为监狱营造一定的精神氛围。媒体对监狱具有十分重要的影响。这种影响通常包括两个方面：一方面，监狱工作通过媒体的介绍为社会大众所熟悉，可以增加对于监狱工作的理解和信任。另一方面，监狱在一般社会人员中往往具有神秘性，再加上中国传统社会对监狱具有一种负面的评价和认识。监狱一旦出现丑闻，整个舆论对监狱系统的评价极为不利。监狱腐败案件、脱逃事件、监狱暴动事件、罪犯权利侵害事件、监狱的改革动向等，在互联网的条件下更易引发社会的关注和反响。因此，监狱应当冷静评估社会舆论的消极影响和积极作用，坦诚应对和接纳各种批评和建议，因势利导地自觉改进存在的缺陷与不足。

（二）罪犯权利救济的内容与方法

1. 罪犯权利的司法救济

司法救济是指涉讼救济，是国家司法机关对罪犯权利的救济。主要分为刑事司法救济、民事司法救济和行政司法救济三种情况。刑事司法救济是罪犯权利受到刑事侵害的情况下所提起的权利救济行为。比如，我国《刑事诉讼法》第50条规定："……严禁刑讯逼供和以威胁、引诱、欺骗以及其他非法的方法收集证据……"由此可知，一旦发生刑讯逼供而致罪犯权利受到侵害，罪犯可以为此提起刑事诉讼。又比如，罪犯如果因监狱的具体行政行为存在主要证据不足、适用法律法规错误、违反法定程序、超越职权、滥用职权等情形而致个人权利受到侵害的，可以通过提起行政诉讼，申请法院判决撤销或者部分撤销，并可以判决被告重新作出具体行政行为。此外，确保罪犯作为民事诉讼当事人的权利不因"罪犯"身份而受限。只要罪犯具备这种"当事人"的诉讼主体资格，就可以按照民事诉讼的法律规定享有当事人的合法诉讼权利。

2. 罪犯权利的行政救济

所谓行政救济，是指当罪犯的权利受到侵害时，通过行政手段来行使救济的方式，主要包括行政复议和行政仲裁。由于监狱的日常刑事执行伴随大量的刑事行政管理行为，包括行为考核、分级处遇和行政奖惩等。罪犯如果对行政管理的不作为或乱作为所产生的自身行政权利受侵害或处理结果不服的，可以依照行政复议或仲裁的法律程序，根据案件适用的具体情形，提出相应的行政复议或行政仲裁。

3. 罪犯权利的社会救济

社会救济就是权利受到损害的一方借助一定的社会公力或私力力量进行救济而使损失的权利得到补偿或应行使的权利得以实现的一种手段，而其结果是使相对一方得到一定的制裁和惩罚。一般而言，在现代社会，普遍流行的社会救济形式是以各类公共或民间组织，包括新闻媒体、法律援助机构、非政府公益组织等发起或承担的公力救济。私力救济虽然普遍自发地存在，但因不如公力救济方式的发达和强势，而在适用范围及其效果上无法与公力救济相提并论。不过，即便如此，罪犯权利的私力救济仍然是公力救济的信念基础和必要补充，是不可或缺的社会救济力量。

 思考题

1. 什么是罪犯权利？
2. 如何认识罪犯权利的来源？
3. 罪犯权利的边界是怎么形成的？
4. 如何分析罪犯权利的构成？
5. 罪犯权利保护有何意义？
6. 如何保障罪犯权利？
7. 如何救济罪犯权利？

下篇

行刑论

第八章 行刑概念论

内容提要

● 本章首先介绍了古今中外的行刑现象。然后对行刑现象的复杂属性进行了多义分析和机理分析。最后，根据复合定义法，提供"行刑"概念的"基本定义"和"衍生定义"。

关键词

● 行刑现象 认识方法 基本定义 衍生定义

 第一节 古今中外的行刑现象

在古今中外的历史上，所有国家和社会都会对严重违法的社会成员施以各种形式的惩罚，而其最严厉的方式莫过于实施各种刑事惩罚，包括生命刑、身体刑、监禁刑、人格刑、财产刑等。上古早期国家产生以前，人类处于氏族部落时代，对胆敢侵犯氏族成员及其整体利益者，往往通过血亲复仇的方法加以解决。自国家产生以后，统治者垄断了刑罚适用和执行权，因此，以国家强制力为保障的刑事制裁在取代了血亲复仇和私力救济之后，对犯罪者的处罚成为国家专营事业。伴随国家制度的演进与发达，犯罪防控与治理日趋复杂和精细。其中，刑罚的执行经历了刑种结构和执行方式的历史变迁。

下面拟从古代、近代和现代三个不同时期，简要介绍行刑现象及其特点，以便为理解行刑概念奠定必要的认识基础。

一、古代的行刑现象

（一）生命刑和肉体刑

从远古开始，止于近代的古代行刑，主要秉承复仇和威吓的理念，以生命的剥夺和身体的残害为主要特点。其时，生命的剥夺和身体的残害密不可分，两者交错使用，极尽恫吓和痛苦之能事。这种生命刑或身体刑的执行方式日趋完善，无论手段还是仪式，达到了登峰造极、无以复加的程度。以生命刑的执行方式为例，中国历史上最具代表性的酷刑莫过于将人活剥脔割的"凌迟"。典型一例是明末被视为叛将的袁崇焕之受凌迟而冤死的惨烈一幕。据明代学者张岱的《石匮书后集》记载，1630 年农历八月十六日，北京西市（今西四）的刑场，袁崇焕"遂于镇抚司绑发西市，寸寸脔割之。割肉一块，京师百姓从刽子手争取生啖之。百姓以钱争买其肉，顷刻立尽。开腔出其肠胃，百姓群起抢之，得其一节者，和烧酒生啮，血流齿颊间，犹唾地骂不已。拾得其骨者，以刀斧碎磔之，骨肉俱尽，止剩一首，传视九边"。而在西方，死刑执行的残酷亦可谓有过之而无不及。在《规训与惩罚》一书中，作者福柯描述道："1757 年 3 月 2 日，法国人达米安（Damiens）因谋刺国王被判处'在巴黎教堂大门前公开认罪'，他乘坐囚车，身穿衬衫，手持两磅重的蜡炬，被送到格列夫广场（The Place de Gre've）。那里将架起行刑台，用烧红的铁钳撕开他的胸膛和四肢的肉，用硫黄烧焦他持着弑君凶器的右手，然后用四马分肢，再焚尸扬灰。"[1] 与生命刑相比，身体刑的执行方式更是花样繁多。身体刑，俗称肉刑，可分为残废刑与肉体痛苦刑两种。前者，如中国古代的墨刑、劓（yì）刑、膑刑、宫刑等，包括刺黑字、割舌头、在舌头上穿洞、切除嘴唇、割掉鼻子、砍去膝盖、毁坏生殖器等。后者，如笞刑、杖刑等（参见图 8 – 1）。

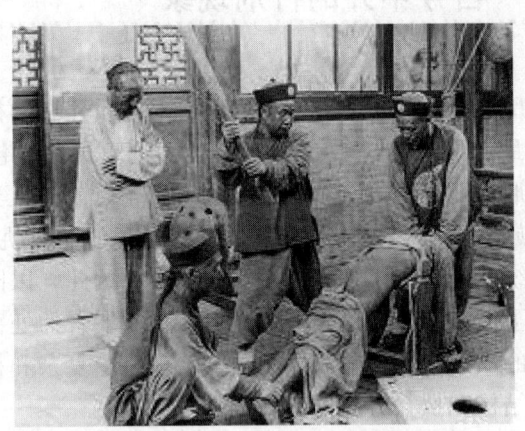

图 8 – 1：流行古代的杖刑场面之一

鲁迅先生曾写道："谁都知道从周到汉，有一种施于男子的宫刑，也叫腐刑，次于'大辟'一等。对于女性就叫'幽闭'，向来不大有人提起那方法，但总之，是决非将她关起来，或者将它缝起来。近时好像被我查出一点大概来了，那

---

[1]　参见 [法] 米歇尔·福柯著，刘北成、杨远婴译：《规训与惩罚：监狱的诞生》，生活·读书·新知三联书店 1999 年版，第 3 页。

办法的凶恶,妥当,而又合乎解剖学,真使我不得不吃惊（参见图 8－2）。"[1]

图 8－2：幽闭是对女犯施行的宫刑

（二）耻辱刑

除了死刑和肉刑,还存在人格耻辱刑。它有时独立存在,有时附加在死刑和身体刑上。世界各国历史上都曾经存在过耻辱刑。以中国为例,主要有以下几种：①象刑。即通过强迫罪犯穿上特殊的服饰以示惩罚的刑罚。如赭衣,以穿赭衣来代替死刑。②墨刑。墨刑亦称黥刑,刺刻犯人的面部并以墨窒之,留下烙印。③髡刑。一种剃除受刑者须发的刑罚。④刺字。从古黥刑演变而来,后世的刺字主要是附加刑。⑤枷号。又称枷示,是在枷上写明囚犯的姓名、罪状,于行刑门外或衙门外带枷示众（参见图 8－3）。

---

[1] 见鲁迅《病后杂谈》一文。引自鲁迅：《鲁迅全集（杂文 小说 散文）》,中国致公出版社2001 年版,第 920 页。

图8-3：古代流行的戴枷示众场面之一

（三）监禁刑

与上述生命刑、身体刑、耻辱刑等行刑现象不同，在中国古代，监禁刑最初主要是赖以行刑的羁押手段。首先用于囚禁待质、待审或待决的"犯罪嫌疑人"，然后是对已决犯的囚禁，比如，适用"圜土之制"或"嘉石之制"的轻刑之人。在中古时期的"五刑"，即"笞、杖、徒、流、死"中，"徒刑"和"流刑"近似于"监禁刑"。其实，徒刑是在剥夺自由的基础上，令罪犯服一定期限的劳役，并可附加肉刑。如汉代有期徒刑之一"髡钳城旦舂"，是指"凡有罪，男髡钳为城旦，城旦者，治城也；女为舂，舂者，治米也。皆作五岁"。即男犯剃光头发，项上束以铁钳，强迫白日守城、筑城。女犯为官府舂米。这样的徒刑始于战国时期。据《山西通志》记载，战国时曾有"徒人城"专门关押处置囚犯，"徒人城，太原西北二里义并村……赵襄子所筑以处刑徒"。和中国古代的情形相似，在古代西方行刑中，监禁虽是普遍现象，但不是刑罚适用的主要刑种。确切来说，它是实现其他刑罚所必需的手段。作为被广泛适用的刑种——监禁刑或被称为刑罚史上以"监禁刑"为中心的时代是人类社会从农业文明向工业文明转型的重要行刑现象。

（四）流放刑

流放刑是将罪犯流放到边远地方服劳役并在当地入籍的刑罚。夏、商、周、秦、汉间的流、放、迁、徙、出、谪，从广义上讲，都是流刑。唐时，仿隋，设三流，流二千里、流二千五百里、流三千里。三流各役一年，唯"加役流"役三年。唐后，宋、元、明、清等本唐制设三流，而另有类似流刑的刺配、充军、迁徙、安置等制度。中国不是唯一实行流放的国家，到1775年，英国每年向美洲流放2000名罪犯。美国独立后，英国又向澳洲流放罪犯（参见图8-4）。

图8-4：有着"鬼城"之称的澳大利亚阿瑟港曾是著名的罪犯流放地

在19世纪，法国在南美的圭亚那和太平洋的新卡利多利亚建立了刑罚殖民地，西班牙、意大利、葡萄牙等都向其非洲属地流放过罪犯，而俄罗斯则向西伯利亚流放政治犯。

二、近代的行刑现象

监狱行刑近代化的起讫时间中外不尽相同。西方从17世纪以后，伴随文艺复兴和工业革命所引发的社会变革，唤醒了刑事改革思潮的同步流行并逐渐深入人心，终而掀起了刑罚近代化和监狱改良的运动。传统监狱羁押条件恶劣，狱内恃强凌弱、交叉感染等积弊丛生，重返社会的再犯率居高不下。人们对当时的监狱现状普遍抱以极度失望。于是，在刑罚改革先驱贝卡里亚、边沁等人的思想动员下，一种旨在实现刑事正义的刑事改革方案唤起了人们的兴趣和关注。与席卷欧洲的刑事改革运动相呼应，被誉为"监狱改良之父"的约翰·霍华德及其追随者在监狱领域同步掀起了行刑改革运动，主张建立一种行刑人道、管理合理的监狱模式来变革传统的监狱制度。其时，源于英国的监狱改良成效显著，为欧美各国所效仿，影响逐渐波及世界各地。

　　众所周知，鸦片战争以后的中国在全球化和殖民化的压迫下，面对西方文化的挑战，被迫进入了现代社会转型的历程。自19世纪中叶到20世纪中叶的近百年间，在中国的土地上出现了"一国两制"的监狱现象。在一个主权国家，一方面是清末政府统治下的中式传统监狱，另一方面是西方列强在其租界地陆续开设的西式近代监狱。为消除"一国两制"，统一司法管辖，中国开始推行监狱新政，主动向西方学习和移植近代监狱改良成果，陆续建设新式监狱，颁行新式监狱立法，由此逐步建立了有别于本国传统监狱，也有别于殖民地西式的监狱制度，但却包含了西方监狱改良基因的近现代监狱体系。

三、现代的行刑现象

　　如上所述，自从近代狱制改良以来，西方发达国家在监狱领域积极推行改革，进行了各种行刑理论和实践尝试，从敞视制、宾州制、奥本制、克罗夫顿制、埃尔米拉制等近代监狱制度发明，到自治制、教诲制、劳改制、矫正制、合同制、混合制、私营制等现代监狱制度探索，各种行刑现象可谓花样翻新、目不暇接。但是，迄今为止的现代监狱发展，并没有哪一种普世认同的标准行刑模式。尽管如此，关于现代监狱行刑应当追求安全、人道、公正、效率等行刑价值观念，已经逐渐成为共识。

　　我国自清末监狱改良迄今，由于中西关系、国家政治和社会结构的反复多变，监狱行刑发展一波三折，基本经历了自"以日为师"的行刑教诲模式，到"以俄为师"的行刑改造模式，再到"以美为师"的行刑矫正模式。其中，就现代监狱的行刑特征而言，1949年之后的"改造模式"和1994年之后的"矫正模式"是主要的行刑现象。特别是1949年中华人民共和国成立，监狱制度转师苏俄，建立了大规模的罪犯劳动改造制度，形成了有中国特色的劳改现象，强调"惩罚与改造相结合，以改造人为宗旨"的行刑政策，"劳动改造""思想改造"等具有突出的行刑意义（参见图8-5）。

图 8-5：强调"改造"的中国监狱行刑特色

1994 年 12 月《监狱法》颁行之后，"劳动改造"的总体称谓为"监狱行刑"所替代。其间，变化的不仅是名称，监狱行刑的实质内容也发生了若干显著变化，比如，引进了"人权""矫正"等一系列西方行刑概念。西方监狱的心理咨询、分类处遇、再犯预测、人权保障等典型制度被广泛借鉴、变通和移植。

综上所述，中外行刑现象是一个不断发展变化的历史文化现象。从中可以看到，它既反映了人类从蒙昧走向开化的一般历史过程，也折射出了地域特色和时代特性。此外，从全球化的发展背景来看，近代行刑现象反映了从早发内生型国家向后发外生型国家的推展和衍生的传播特点。同时，也面临了中西行刑文化在其交流与融合过程中存在如何协调普适性与地方性的问题。

第二节 行刑现象的认识方法

作为一种刑罚文化现象，监狱行刑具有复杂属性。针对监狱行刑现象的复杂属性，需要采取多种分析方法，才能获得系统性的概念认识。

一、多义分析

从不同的主体立场或知识视角来看，行刑现象具有不同的价值和功能，因此需要接受和运用多义分析的方法。

第一，从不同的主体立场来看，比如从国家、社会、犯罪人、被害人等不同立场，可以看到他们对于行刑的认识差异。从国家立场看，行刑现象是国家暴力的展示，是国家权力的表征，是国家意志的体现。这种权力专属于国家，不容其他主体染指。从社会立场看，行刑现象是显示社会文明的窗口，也是社会组织的一部分，包含了特有的社会现象，比如监狱同性恋，监狱亚文化、监狱警囚共生等。从犯罪人立场看，行刑现象表明了他们担受刑罚是难以忍受的痛苦，但其服刑心理效应却因人而异，不尽相同，有的罪犯混刑度日，有的罪犯忍辱赎罪等。从被害人立场看，尽管行刑越来越从公开的景观转向秘密进行，如监禁刑在监狱进行，并不一定为被害人及其亲属所目睹，但是仍可以满足其报复犯罪的心理需要，抚慰其源自犯罪的精神创伤。

第二，从不同的知识视角看，比如从犯罪学、刑罚学、政治学、经济学、社会学等不同学科视角进行分析，可以获得关于行刑现象的多样性认识。从犯罪学看，行刑作为对犯罪的处置，在犯罪对策论中是一种最为严厉的犯罪治理手段。从刑罚学看，行刑是特定国家机关将生效的刑事判决和裁定依照法定的程序付诸实施的一种刑事司法活动。从政治学看，传统政治强调国家职能的重要性，认为行刑体现了统治阶级对被统治阶级的专政，是阶级斗争的表现形式，是国家暴力的外化。而现代政治学理论则更加关注社会职能，认为行刑应体现社会各个阶层的利益诉求，其中也包括了罪犯群体的权利诉求。从经济学看，行刑是并不经济的社会现象。从社会学看，比如有的学者从社会生物学的角度出发，将社会视为一个生物有机体，则行刑具有某种类似排泄或吞噬的功能，目的是维持社会系统的生态平衡等。

二、机理分析

行刑究竟是如何通过其自身的功能运作实现其目的的？对此机理问题，不同的行刑理论往往给出的是不同的揭示和解释。首先，行刑现象包含了政治机理。比如福柯在《规训与惩罚》一书中曾深刻分析了行刑现象的权力运作机理。在他看来，公开的戏剧性的死刑展示场面，宣称和标示了王权的不容侵犯性。而近代以来的监禁刑逐渐转化为一种秘密方式，即不为一般公众所能见到的方式，而其实质仍然彰显权力对于囚犯肉体的控制和规训。虽然时代在变化，行刑方式在变化，但是行刑现象幕后的政治权力品格没有变化。不过，在政治的内涵发生变化时，行刑现象的作用也在发生微妙的变化。以往人们对政治概念的"统治者—政治"模式的刚性认识逐步向"公众—政治"的模式转变。这种转变意味着行刑现象不仅表达了国家意志服从的政治要素，更是表达了国家治理公众事务的政治要素。以监禁行刑为例，其逻辑指向绝非仅仅惩罚罪犯，教诲、改造、矫治、修复、救赎、已经在一定的意义上占据主导地位。其次，行刑现象包含了经济机理。比如，在监禁刑罚执行中，监狱生产、经营及其管理，一种致力于榨取罪犯劳动力以产生经济效益的内在冲动，体现了行刑经济运行的自我肯定逻辑。事实表明，监狱劳动生产或企业经济活动等在近现代监狱发展史上始终是必不可少的行刑内容。在现代，监狱私营化，即私营公司参与监狱的建设、管理和为监狱提供服务的现象已经成为某种趋势。据资料统计，在美国，到20世纪80年代，与矫正系统签订合同的私营监狱的床位已经达到10 900张；澳大利亚1994年私营监狱关押的囚犯占到犯人总数的28%。与美国和澳大利亚类似，在其他西方国家，监狱私营化也得到了一定的发展。最后，行刑现象包含了刑事一体机理。比如从刑罚构造来看，刑罚的实现过程表现为刑罚的制定、刑罚的追诉、刑罚的裁量、刑罚的执行以及刑罚的监督等环节，分别对应着国家的制刑权、求刑权、量刑权、行刑权和督刑权。行刑是刑罚实现行刑机能的最终环节。

综上可知，研究行刑机理可以丰富人们对于行刑现象的理解。总之，只有在对行刑进行多种视角和不同机理的分析和综合，才能深化对于行刑本质的认识。

第三节　行刑的概念及其定义

一、行刑的概念

行刑是刑罚执行的简称。虽然其名称十分简单，但由于它在历史和文化的发展过程中与国家和社会结成了复杂的功能关系，因此，现代行刑的概念具有丰富的内涵与外延。

（一）行刑是剥夺和限制人身自由的刑罚执行活动

当人们提到监禁刑时，脑海中往往会出现高墙、电网等画面，有时甚至能移情体验监禁惩罚的痛苦感觉。自由刑的痛苦依赖于"剥夺和限制人身自由"所产生的惩罚和威慑效应。剥夺自由的含义是指剥夺罪犯监狱以外的人身自由。换言之，只拥有监狱一方天地的自由。而限制自由的含义有两个方面：一是指未被剥夺的狱外各项行政和民事权利，因受限于人身自由的剥夺而无法自由行使。二是未被剥夺的狱内各项行政和民事权利受到不同程度的限制，而无法自由行使。由此可见，自由刑蕴含的行刑本质是一种通过剥夺和限制人身自由，使受刑人感受痛苦的犯罪报应活动。从这里出发，才可能不至于迷失在多样化的行刑衍生文化之中。

（二）行刑是司法和超司法复合的刑罚执行活动

认识行刑的本质，还要从原判刑罚执行和变更刑罚执行的复合关系加以理解。如前所述，原判行刑虽然在刑罚执行过程中是根本和基础，但问题在于现代刑罚存在刑罚执行与超刑罚的行政执行的复合关系。那么，如何认识两者的复合关系？大致可以分为三种情况：一是认为刑事执行权就是行政权，无非是一种复杂行政权。二是认为监狱行政管理应从普通行政管理关系独立出来，不断向裁判权靠拢，刑事执行权是一种复杂司法权。三是认为刑事执行权不仅表现为司法权，而且也表现为行政权。一般的情况是，预防的思想会更多地在法律规定中得到贯彻，报应的观点会比较明显地在司法审判过程中得到体现，而特殊预防的原则会在司法执行过程更多地得到强调[1]。借用学者张明楷的观点，"刑罚固然是对犯罪的惩罚，但刑罚是施加于犯罪人的，……'犯罪论的基本特征是静态的，刑罚论的基本特征是动态的'"[2]。按照米歇尔·福柯在《规训与惩罚》中的论点："现代刑事司法的怪异之处在于，尽管它采纳了许多超司法的因素，但是，却不是为了从司法角度限定它们，逐渐把它们整合进实际的惩罚权力，相反，是为了让它们作为非司法因素在刑罚运作中发挥作用，是为了使刑罚运作不再是单纯的合法惩罚，是为了使法官不再是纯粹的和唯一的惩罚者……"[3]。行刑越来越借助技术等非司法的因素达到规训与惩罚犯人的目的。综上所述，无论是从刑事执行权的来源，刑事执行的动态裁量形式，乃至它今天变成含有大量超司法因素的样态，无法否认刑事执行权是以司法权为基础而同时包含了众多超司法因素的复合行刑活动。

（三）行刑是实现特定时期刑罚正义的刑罚执行活动

思考行刑在人类历史长河中所扮演的角色，不难发现行刑的应然本质就是人类刑罚正义理性的体现。什么是人类刑罚的正义理性呢？一般认为，人类刑罚的精神理念有一个历史的进化发展过程，大致为报复、威慑、等价、矫正、折中5个阶段和形态，它们构成了对刑罚的正当性的历史反思的对象[4]。无独有偶，英美部分学者将"惩罚犯罪人的正当理由"或者"刑罚的正当理由"视为刑罚哲学，并认为各个社会都形成了惩罚犯罪人的正当理由，它们在不同的时间有不同的内容。由此人们可以推知人类刑罚的理性当以刑罚的正当性为依归。易言之，人类刑罚理性就是刑罚哲学，反映了人们的刑罚正义追求。在人类历史上，这是一种怎样的正义呢？英美学者关于正义的刑罚哲学可以"钟摆效应（Pendulum Effect）"的观点为例。根据这种观点，刑罚哲学具有历史循环性或者时间共同性，刑罚哲学是一个连续体，它的一端是惩罚，包括报应、威慑和控制，它的另

---

〔1〕 见王世洲："现代刑罚目的理论与中国的选择"，载《法学研究》2003 年第 3 期。

〔2〕 张明楷：《外国刑法纲要》，清华大学出版社 1999 年版，第 360 页。

〔3〕 ［法］米歇尔·福柯著，刘北成、杨远婴译：《规训与惩罚：监狱的诞生》，生活·读书·新知三联书店 1999 年版，第 23 页。

〔4〕 邱兴隆：《刑罚理性评论——刑罚的正当性反思》，中国政法大学出版社 1999 年版，第 6 页。

一端是预防，包括教诲、改造和矫正等。不同时期的主导刑罚哲学就在这两端之间的某个点上产生。或者朝惩罚一端倾斜，具有较多的惩罚性，或者朝预防一端倾斜，体现较多的改造性和人道性[1]。依此观点，人类刑罚哲学实际上是惩罚与预防的博弈。因此，行刑本质上也内在地存在着这种博弈。行刑本质上的这种博弈无非是为了达到满足某个时期刑事正义或者刑罚正当的主流趋势和目的，某个时期的刑事正义反映了那个时代主流的刑罚价值追求。以当代为例，那么这个主流趋势是什么呢？人们越来越重视刑事个别正义当为比较确信的方向之一。比如，有学者指出"以契约论的观点分析，自贝卡利亚以来的刑事改革只完成了刑事一般正义的契约建构，而没有完成刑事个别正义的契约建构"，"迄今为止的刑事契约与刑事正义，只从立法上构建了两者抽象的一般的制度关系，而没有从司法上构建起两者具体的个别的制度关系"[2]。行刑个别化的思想源于刑罚个别化，其代表人物菲利认为，应以犯罪的人格作为刑罚执行的根据，才能实现刑罚执行的目的。随着罪犯分类制度的发展和完善，行刑个别化的思想得到普遍的认可。从刑事复合正义的理想，即在一边是一般报应正义，一边是个别预防正义的刑罚天平两端保持均衡关系，不难导出强调刑事个别正义的平衡力作用。目前在欧美等发达资本主义国家的恢复性司法（Restorative Justice）也是强调个别正义的表现之一。

二、行刑的定义

经过上述的行刑概念探讨，可以发现对于行刑现象及其本质，采取单一视角的认识方法是不够的。同理，给行刑下一个单一定义也只能满足单一认识的需要。而从多元视角而言，意味着对行刑需要一组定义，才能全面而准确地说明行刑到底是什么。因此，关于行刑的定义，和本书定义监狱、罪犯等概念的要求一样，应当采取复合定义方法，将行刑定义分为基本定义（B）和衍生定义（Y）两项。兹介绍如下：

（一）基本定义（B）

行刑是通过监禁惩罚（即剥夺和限制人身自由）实现报应犯罪的国家刑事活动。

这个基本定义仅指监狱行刑，适用于监狱学意义上的纯粹监禁刑（自由刑）执行的属性描述。其实质含义是两点：一是明确了行刑的司法功能——剥夺和限制罪犯的人身权利及相关权利；二是明确了行刑的司法效用（价值）——实现报应犯罪的目的。

---

〔1〕 转引自吴宗宪：《当代西方监狱学》，法律出版社 2005 年版，第 119 页。
〔2〕 参见郭明："刑事契约论"，载陈兴良编：《公法》（第 5 卷），法律出版社 2006 年版。

这里需要说明，行刑既然是一种国家刑事活动，体现的就是国家的意志和权力，这种国家意志和权力的表现是刑罚执行权的具体运作。关于刑罚执行权的运作属性问题尽管存在很多争论，但就现代监禁刑的司法与行政复合属性而言，它主要是一种刑事司法与超司法行政的混合权力结构，需要妥善处理的是两者的主次关系及其调整方法的区别、变更或转换。而基本定义揭示和反映的只是现代监狱行刑属性的基本方面。换言之，完整的现代监狱行刑定义是由基本定义和衍生定义复合而成的。

（二）衍生定义（Y）

由于国家、社团或个体等不同的社会主体，总是根据自身的价值偏好和认知状况，表达不同的行刑观，从而产生种种不同的衍生定义。需要指出，从行刑实践的历史来看，在不同的社会形态中，"国家"这一主体的不同价值偏好对于"衍生定义"的选择及其应用往往具有决定性作用。

回顾近代以来曾被各国刑事立法或政策选择和应用的各种"衍生定义"，稍作梳理，略举以下几种具有代表性的定义：

第一，衍生定义（Y1）：行刑是一种道德或宗教教诲活动（教诲模式）。

第二，衍生定义（Y2）：行刑是一种劳动或思想改造活动（改造模式）。

第三，衍生定义（Y3）：行刑是一种心理矫正活动（矫正模式）。

第四，衍生定义（Y4）：行刑是一种使罪犯再社会化活动（重返模式）。

第五，衍生定义（Y5）：行刑是一种习艺培训活动（培训模式）。

第六，衍生定义（Y6）：行刑是一种康复治疗活动（康复模式）。

第七，衍生定义（Y7）：行刑是一种劳务加工活动（雇佣模式）等。

比较上述各种衍生定义，可以看到以下主要特点：

第一，它们表达了超司法的行刑价值诉求。由于不满足于监禁刑的基本定义价值，它们企图通过附加超司法的行刑活动，表达政治价值、经济价值、道德价值、医学价值、宗教价值、社会价值等不同的超司法价值诉求。

第二，它们体现了现代"国家理性"的旨趣差别。不同的"国家理性"具有不同的行刑旨趣，因而将选择适合其旨趣的衍生定义。比如，应用于"改造模式"的衍生定义是苏式社会主义国家之政治理性的旨趣表现，而应用于"矫正模式"的衍生定义，则是美式资本主义国家之技术理性的具体证明。总之，衍生定义是国家理性的表征之一，体现了国家理性的旨趣差别。

 思考题

1. 行刑现象的演变和发展有什么特点？

2. 如何对行刑现象进行多义分析?
3. 如何对行刑现象进行机理分析?
4. 什么是行刑的基本定义?
5. 什么是行刑的衍生定义?

第九章　行刑目的论

内容提要

● 本章从引入有关"目的"的比较哲学知识出发，介绍了报应刑论、预防刑论和恢复刑论等三种主要的行刑目的论。然后，提出了选择行刑目的的主要根据和协调三种行刑目的相互关系的基本原则。

关键词

● 行刑目的　行刑目的分类　行刑目的的选择

 **第一节　行刑目的的含义**

一、目的的含义

行刑活动体现了什么意图？或者说人们究竟以怎样的观念建立行刑活动的主观根据？回答这个问题，需要考察人类活动区别于自然现象的一个特别原理，这就是人的行动往往具有合目的性。这个"合目的性"原理一般被称为"目的论"。要理解行刑目的的概念，有必要了解"目的论"的基本内涵，而为了理解什么是目的论，有必要比较不同于目的论的两种认识方法，即因果论和功能论的方法。

（一）因果论

作为认识事物现象方法的因果论并不是人们日常生活中所说的"因为……所以……"表示的因果关系。它是分析事物现象变化发展的思维工具之一。它要概括的是自然界和人类社会的普遍规律，是指现象之间具有不以人的意志为转移的普遍联系，其典型表现是存在于自然界中的普遍规律，研究这些普遍规律的学科主要是自然科学中的理论科学，比如，理论物理学等。对于自然规律，人们不能任意改变，但可以在尊重这些规则的基础上利用这些规律制造工具，改造自然，为人类造福。例如，人们根据牛顿力学定律而创造了各种现代工具，大大提高了人类改善与自然关系的能力。

（二）功能论

功能论与因果论不同，它并不反映事物现象之间的关系，它主要是反映事物的客观性质与人的需要之间的关系的思维工具。比如，一件物品，人们能够用来做什么，往往与该物品的结构和功能有关。当人们需要某种效用时，如果自然界中没有这样的物品能够满足这种效用，人们就改造加工自然物，使其结构具备能够满足效用的功能。同理，人们建立某种机构或组织，使之具备某种功能，也是为了满足某种效用，当这个机构或组织不能具备提供所需效用的功能时，人们就会试图改进这个机构或组织的结构，使之具备某种功能。因此，我们既可以说某一物品具有某种功能，也可以说某一组织或机构具有某种功能。这是说，功能论反映了事物与人类主体之间的一种功用关系，是人类企图改进人与自然关系的工具理性表现。

（三）目的论

如果说因果论主要是解决人如何认识自然，功能论主要解决如何利用自然，那么，目的论则主要是解决人如何认识自身行为是否合理的问题，因此必然包含了人的价值理性。目的论揭示了一个真理，那就是人类社会的行动比自然界的事物更为复杂。仅仅用因果论的方法来理解人的行为没有看到人区别于物的特征，那就是自然本身没有自由和目的，人则有自由和目的。虽然人经常有许多非理性的、不合目的的行为，但是作为理性的社会行为则具有合目的特征。因此，要理解一个人的行为的意义就不应该像研究自然那样完全依据因果律分析，而是要用功能论的工具理性和目的论的价值理性分析行为背后的原因和意义。总之，我们说理解一个人类自身行为的合目的性，对于认识和调整该行为有着十分重要的意义。

二、行刑目的的含义

由上述目的论的解释可知，合目的性原理是分析人类社会行动的重要工具。行刑作为一个人类的社会行动，具有主观价值根据。要理解行刑活动中的各种现象，必须理解并分析行刑的目的。所谓行刑目的，是指国家和社会通过行刑活动所要达到的预期结果（效用）。一般来说，行为和目的之间会形成一个目的链，许多行为往往有一个单一的目的。但国家的行刑活动却非常复杂，其目的并不是单一的，而是由多重目的相互复合的。如何认识复杂多变的行刑目的，正是本章的主要学习内容。

第二节　主要的行刑目的

检视人类以往的行刑理论与实践，可以发现其中蕴涵了大大小小的各种不同目的。尽管这些目的的内涵与表述互有不同，但经过比较和归纳，可以发现主要

有报应刑目的、预防刑目的和恢复刑目的等三类行刑目的。

一、报应刑目的

在有关行刑目的的学说中，报应刑论是历史源头最久远、最基本的一种。报应正义观的源头是同态报复的复仇习惯，从《汉谟拉比法典》到《摩奴法典》，人们都能看到报应刑罚与复仇习惯之间的明显关系。正因为报应与复仇一样，针对的是过去发生的事件，报应在现代一度成为众矢之的。

然而，视复仇为报应的本质意味着没有看清报应背后重大的社会意义。虽然报应和复仇都是主张对施害者实施同等的伤害，但复仇是私人的，是个体或群体受害情感的发泄，它还没有进化到理性报复的高度。而报应则着眼于制度，是刑罚制度的理性底线。由于受愤怒的激情的影响，复仇往往会超出原来所受伤害的界限，甚至经过理性的算计之后要把对方完全消灭，所谓"斩草除根"，即完全剥夺对方再复仇的能力。而报应则是法制化的，它要求克服当下的愤怒情绪的影响，它讲究罚与罪的相当，不允许超出原来所受伤害的报复。因此，可以说复仇是以受伤愤怒情绪的满足为宗旨，它的实施取决于当事者的复仇能力。因此，复仇不是理性当事人之间的规范要求，而报应则在表示对犯罪者谴责的同时，还是对当事人报复能力的一种限制。当事人之间冲突的解决不是取决于各方报复能力的大小，而是要遵守一种对等规范——罪刑相适应。因此，与复仇相比，报应克服了自然激情的冲动，满足了某种道德理性的要求。哲学家黑格尔对复仇与报应之间的关系有一段相当精彩的描述："犯罪的扬弃首先是复仇，但是，复仇由于它是个体特殊意志的肯定行为，所以又是一种新的侵害。作为这种矛盾，它陷入无限进程，世代相传以致无穷""在未开化的民族，复仇永不止息"。而要解决这种矛盾，就要从主观利益和主观形态下，以及从威力的偶然性下解放出来正义。这就是说，不是要求复仇的正义而是要求刑罚的理性报应正义。黑格尔用其辩证法式的思辩语言揭示了复仇与报应虽然都是对犯罪的扬弃，但是前者是个人意志的体现，亦即个别适用的私力救济，而后者是共同意志的体现，亦即普遍适用的公力救济。因此，报应取代复仇是理性正义的胜利。但同样是理性的报应刑，却存在着若干不同的目的分型：

（一）神意报应

在古代，报应与复仇的区别表现在神的报应。在古希腊，宙斯被认为是正义的守护神，谁违背了正义就要受到宙斯的惩罚。基督教也主张神意报应。《圣经·出埃及记》中的摩西十诫明显地渗透了神意报应论。神意报应论在近代最有影响的形态是赎罪论。赎罪论认为犯罪者只有通过承受刑罚之苦才能赎回罪孽。这对现代监狱制度影响很大，例如，著名的美国宾州独居制监狱制度（又称宾州制）就是贵格派新教赎罪论影响下而形成的。

（二）道义报应

道义报应的本质是主张犯罪与刑罚之间的关系不只是一种法律上的因果关系，更是一种道德上的因果关系。它坚持道德过错与惩罚之间的联系，把道德过错作为行使惩罚的唯一理由。只有有道德罪过的行为才应负道义责任，惩罚本身是谴责道德过错的手段，好的惩罚目的应该是维护犯罪所颠覆的道德秩序。

（三）等害报应

这种报应主张惩罚之恶要与犯罪之恶相当，其最初的形式是同态报复。所谓"以牙还牙、以眼还眼"是其经典的表述。康德是现代报复论的首倡者，他认为刑罚以与犯罪的损害形态上等同为必要。他认为"如果你偷了别人的东西，就是偷了你自己的东西；如果你打了别人，就是打了你自己；如果你杀了别人，就是杀了你自己"。

（四）等价报应

等价报应是在克服等害报应的缺陷的基础上发展起来的。由于犯罪的损害形态是无限的，而报应刑罚的方式和资源是有限的，试图追求二者的等同是不可能的，而且等害报应只强调犯罪客观危害，很难对犯罪的主观恶性有所报应。等价报应则克服了这些缺点，它主张刑罚是对犯罪的否定评价的体现，其质与量应该与犯罪的质与量相等同，刑罚之质与量上的等同不是两者在外在形式或损害形态上的等同，而在二者内在价值上的等同。这与自由刑成为主要的刑罚非常有关。由于犯罪而被剥夺自由的时间可以根据犯罪的严重性和其主观恶性进行量的分割，因此，如同商品价值可以用货币来度量，对罪行的刑罚价值度量可以用剥夺自由时间来度量，这使得等价报应成为可能。

（五）法律报应

法律报应论认为犯罪侵犯的主要是法律秩序，行刑作为制裁犯罪的活动能够使被犯罪所违反的法律得到强化从而恢复被犯罪所破坏的法律秩序。黑格尔对法律报应论有精到的描述"自由人所实施的作为暴力行为的第一种强制，侵犯了作为法的法，这就是犯罪，……刑罚是作为否定施加给它的，是否定的否定"[1]。法律报应的典型形态是古典法律报应论，其实质是以法律思维所建构的制度理性实现等价报应。质言之，它是一种法制化了的等价报应。

作为行刑目的，无论其属于何种分型，都有一个不变的主题，那就是强调行刑要让罪犯感到痛苦——无论是古代强调肉体上的痛苦，还是现代强调精神上的

---

〔1〕［德］黑格尔著，范扬、张企泰译：《法哲学原理或自然法与国家的纲要》，商务印书馆1996年版，第100页。有关对黑格尔法律报应论的介绍，参看陈兴良：《刑法的启蒙》，法律出版社2007年版，第145～159页；邱兴隆：《关于惩罚的哲学——刑罚根据论》，法律出版社2000年版，第36～38页。

痛苦。总之，作为执行自由刑的近现代监狱则主要让罪犯感到失去自由的痛苦。这种有罪必罚的依法报应使得社会的一般正义感得以伸张。

二、预防刑目的

把预防作为行刑目的也有很长的历史。在功利主义兴起之前，借助惩罚实现的预防经常与报应是一体两用的，表现为重刑威吓和直接剥夺犯罪人的再犯罪能力，给人以野蛮的印象。而现代功利主义兴起之后，则改变了预防赖以实现的机制。这是说，预防不再只是借助司法惩罚的机制，而主要是借助超司法惩罚的机制。一般认为，现代行刑的预防目的主要分为两种：一种是一般预防，另一种是个别预防。

（一）一般预防

古典报应论的代表贝卡利亚和边沁都强调一般预防是刑罚的首要目的。在贝卡利亚看来，"刑罚的目的仅仅在于：阻止罪犯再重新侵害公民并规诫其他人不要重蹈覆辙"，并认为"对其他人的威慑"是"刑罚的政治目的"。边沁认为虽然刑罚的直接目的是控制人的行为，即不只是控制服刑人的行为，而且控制其他应受惩罚的人的行为，但是刑罚的主要目的是一般预防，因为它是刑罚的真正目的。

一般预防与重刑威吓论相比，前者强调刑罚以必要为限度，主张行刑尽量轻缓。重刑威吓只求当时的威吓效果，而不求长远的社会效益，一般预防并不认为所有有效的刑罚都是正当的刑罚，认为刑罚既以遏制犯罪为必要，又只能以遏制犯罪为限度。贝卡利亚说，"一种正确的刑罚，它的强度只要足以阻止人们犯罪就够了"，边沁根据功利原理，主张刑罚只有在它能够排除某种更大的损害的范围内才是正当的。他旗帜鲜明地反对滥用之刑、无效之刑、过分之刑与昂贵之刑。

一般预防除了主张用刑罚之苦使意欲犯罪的人不愿犯罪，还强调行刑对罪犯耻辱效应和促使人们形成守法的习惯并具有加强道德禁忌的作用。一般预防因而往往主张行刑应该具有遏制性、有效性、必要性、确定性、及时性、通晓性。

（二）个别预防

个别预防与一般预防不同，它主要强调预防犯罪者本人再次犯罪而不是预防其他潜在的犯罪人。个别预防又分为两种类型：一种是以矫正罪犯为目的，另一种是以剥夺或限制罪犯的再犯罪能力为目的。

主张以矫正罪犯作为行刑目的的最早思想家是柏拉图。柏拉图认为人之所以犯罪是因为灵魂具有主观恶性，这种主观恶性对其自身是一种致命的道德疾病，对恶性的惩罚是对其灵魂的健康有益的一味苦药。他主张将罪犯放在一种类似感化院的监狱中执行刑罚[1]。虽然矫正发展到现在有许多其他名称，如改造、康复、矫治等，有的强调对罪犯的思想道德品性的改造，有的强调对罪犯不良行为的矫正，有的强调对罪犯的不健康心理的矫治，但就其让罪犯改变自身从而实现预防再犯这一点而言一直都没变。

虽然以剥夺罪犯犯罪能力作为行刑目的，在西方直到近代才见诸于思想家们的有关著述，但中国古代法学文献中的相关论述则出现得比较早。晋代思想家刘颂上书恢复肉刑便是将肉刑具有剥夺罪犯犯罪能力的功能作为立论的根据。他认为，"圣王之制肉刑，远有其理，其事可得而言，徒惩其畏剥割之痛为也，乃去其为恶之具……盗者截手，无所用复盗，淫者割其势，理亦如之"[2]。然而，在现代社会，这种以肉刑剥夺犯罪能力的做法已经被定性为野蛮而遭否弃。现代社会主张剥夺犯罪能力者实际上是以剥夺罪犯再犯罪条件为行刑目的。监狱在其中的作用非常重要，因为现代监狱正是通过把罪犯和社会隔离开来，从而让罪犯失去再次危害社会的条件。在当代西方，某些高度戒备监狱对于那些被判处终身监禁的罪犯而言，其目的之一是让罪犯失去其再犯罪的条件。

三、恢复刑目的

以恢复作为行刑目的是当代西方近二十年兴起的一种刑事司法新思潮。这种思潮被称为恢复性司法（Restorative Justice）。它与报应刑和预防刑相比具有很大的差异。它的主要目的是通过恢复或修复的行刑活动，使犯罪和刑罚对当事人所造成的损害降低到最低限度。其中，特别重视犯罪人与受害人之间的相互宽恕与和解。

与以报应和预防为目的的刑罚理念不同，恢复性司法认为报应针对过去的已然犯罪，预防针对将来的未然犯罪。过去已经过去，将来属于将来，重要的是当下怎么办。因此，恢复刑的思想不再纠缠于报应目的或预防目的的孰是孰非，而是赋予行刑以新的价值追求。基于这种理解，恢复刑目的的核心理念不是执着于报应或预防，而是主张通过刑事和解以恢复当事人之间及其相关社会关系所造成的损害。因此，恢复刑所采取的基本行刑策略是在有关机构或组织的主动参与下，促成犯罪人与被害人的直接接触，使犯罪人从对方所受的伤害中认识自己的罪责，通过协商给被害人以精神上或经济上的补偿，最终达成双方的和解，由此恢复被破坏了的社会秩序与人伦关系。

在上述恢复刑理念或目的指导下的监狱行刑活动，与报应刑或预防刑的做法

---

[1] 有关柏拉图的矫正刑罚思想，可以参看吴新民：《柏拉图的惩罚理论》，中国社会科学出版社2010年版。

[2] 高潮、马建石主编：《中国历代刑法志注释》，吉林人民出版社1994年版，第104页。

和要求明显有所不同。报应刑将罪犯与社会隔离开来实施监禁惩罚，预防刑在报应刑基础上对服刑罪犯加以改造或矫正等，而恢复刑则由于力图促使罪犯忏悔、认罪赔偿来恢复其与社会、被害人因犯罪而破坏的社会关系。因此，恢复刑试图建立罪犯与社会的经常性联系，组织罪犯、受害人或其双方亲属以及相关社区、社团等各方力量参与到行刑过程中来，依照咨询、商谈、教育、调解、援助等方法，促成彼此的宽恕与和解。此外，以恢复为目的的行刑活动还十分关注缓解和消除罪犯因监禁所产生的负面作用，使监狱不再只是国家用于实现报应和预防犯罪的封闭场所，而是社会力量参与帮助罪犯适应重返社会生活的开放机构。

第三节 行刑目的的选择

以上三类行刑目的，代表了人们对行刑价值追求的不同类型。在具体的行刑理论与实践中，究竟选择哪种行刑目的或如何合理配置三类行刑目的？总的来说，这是一个历史和现实反复博弈的社会选择过程，但其中又往往体现了主要社会力量，即国家表达其利益诉求和价值旨趣的决定性作用。比较三种行刑目的的异同，为了满足优化选择和合理配置行刑目的的需要，我们认为应当考虑以下基本原则：

一、有助于实现行刑正义

正义是法律乃至社会制度的首要价值，以《正义论》的作者约翰·罗尔斯的话讲："正义是社会制度的首要价值，正像真理是思想体系的首要价值一样，任何法律和制度，不管它们如何有效率，只要它们不正义，就必须加以改造或废除。"[1] 行刑活动作为刑事法律制度的终端活动，其主要目的的选择当然要考虑是否有助于维护行刑正义。不过，什么是正义？这一看似人人都自在使用的概念却并不是一个不证自明的真理。毋宁说正义是社会法律学科学最难精确定义的概念之一。西方自古希腊的苏格拉底、柏拉图、亚里士多德到近代的康德、卢梭和当代的罗尔斯、诺齐克等思想家对正义有过无数定义。概括起来，正义主要分为分配领域的正义和矫正领域的正义。前者涉及社会政治、经济制度的基本结构，对社会生活具有广泛的影响，是监狱行刑活动力所不逮之处。然矫正领域的正义是法律领域内的重要价值。矫正正义有一个很长的历史传统，那就是强调有罪必罚，且不因犯罪者的身份地位而有所偏向和偏袒。中国俗话所说的"王子犯法与

---

〔1〕 引自［美］约翰·罗尔斯著，何怀宏等译：《正义论》，中国社会科学出版社 1988 年版，第 1 页。

庶民同罪"大致就是这个意思。这种矫正正义的主要特征概括起来是平衡感、均衡性、不偏向、给人应得的公正等。

实际上，不少思想家认为报应的产生本身就是人类追求正义的产物。亚里士多德认为杀人者、伤人者与被杀者、被伤者之间的利益不均，刑罚的目的在于平衡杀人者和伤人者的得与被杀者和被伤者的失。也就是说，犯罪打乱了本来处于平衡状态的利益关系，而刑罚之施加于犯罪者，乃是使不平衡重归平衡。康德特别强调等害均衡作为决定刑罚的唯一标准："公共正义以作为原则和标准的惩罚方式与尺度是什么？只能是平等原则。根据这个原则，在公平的天平上，指针便不会偏向一边。……这就是报应的权利，根据此原则可以明确地决定在质与量两方面都公正的刑罚。"[1]

当然，报应对于社会正义的实现，还表现在报应对于刑罚的该当性的坚持，即主张罪犯罪有应得，而让无辜者免受惩罚。康德认为刑罚在任何情况下都只能因为某人是一个确凿无疑的犯罪者才能施加于他，既是从肯定角度论证刑罚与犯罪之间的必然性，也是从否定角度排除刑罚与非罪相联系的可能。

总之，从实现社会正义的角度，对行刑的目的的选择离不开报应。不过，行刑活动只是刑罚的终端活动，并非报应的所有要求都是监狱行刑应当追求的目的。首先，从肯定方面来说，报应所追求的有罪必罚在行刑阶段表现为监狱的惩罚功能的实现。也就是说，监狱对已经收监的罪犯要管理、监督好，不能让罪犯能够成功脱逃，逃避法律的惩罚。同时，监狱对罪犯实行的处遇应该不能与社会现实脱节，不能让罪犯在监狱中的物质和精神待遇太好，以至于让社会公众觉得罪犯在狱内不是服刑，而是度假。然而，同等报复和等害报应的要求不应成为监狱行刑的追求，随着人类文明的发展，那种同态报复的肉刑已经是野蛮行刑的象征。但是，等价报应却是监狱行刑可以考虑的因素之一。其次，从否定方面来看，监狱行刑并不能单独实现行刑正义的社会价值。行刑正义的要求首先是有罪必罚、无辜者不受惩罚，但是实现这种刑罚正义的要求不仅在监狱行刑这个环节。刑事司法活动的程序中对于确定罪与非罪的重要环节是审判这一程序。假如，从侦察、起诉到审判等环节，把不应定罪的人定了罪送入监狱服刑，监狱无论如何严格执法，也难以实现行刑正义的社会诉求。

二、有助于维护社会秩序

公正的、理性的刑罚制度能够很好地为维护社会秩序服务是一个常识。在维护社会秩序的价值诉求之下来选择行刑目的，人们往往会偏爱一般预防作为行刑目的。在一般预防论者看来，刑罚的目的在于预防一般人犯罪，而预防犯罪只不

〔1〕 ［德］康德著，沈叔平译：《法的形而上学原理》，商务印书馆1997年版，第165页。

过是维护社会秩序的代名词。在功利主义行刑思想中，对社会秩序的维护始终处于首要地位。在他们看来，由于犯罪构成对社会秩序的侵犯，预防犯罪意味着阻止危害社会秩序的行为的发生，自然意味着对社会秩序的保护。

在边沁的以一般预防为中心的刑罚体系中，社会秩序作为刑罚的首要价值的地位非常清晰。在边沁看来，刑罚与法律都只不过是实现"最大多数人的最大幸福"的手段。因此，预防犯罪虽然是刑罚的目的，但其又只是刑罚的中介性目的，而不是其最终目的，刑罚的最终目的在于促进社会幸福。而对于社会幸福只能通过对社会秩序的维护才能实现。边沁说，对于犯罪行为，我们之所以必须选择惩罚是因为相反的选择会纵容犯罪并因而危害社会秩序。

然而，就行刑活动来说，如果以实现一般预防目的来维护社会秩序，则容易强调行刑的严厉性。实际上，当代西方一体论刑罚理论已经表明，确立刑罚一般预防的目的是刑法制度的重要价值，即刑事立法的主要目的。在行刑阶段，更主要的要通过实现刑罚的个别预防目的来实现维护社会秩序的价值。为了使刑罚最有效地实现维护社会秩序的目的，一方面个别预防目的论主张剥夺罪犯的再犯罪能力或条件，将那些具有高度人身危险性的罪犯与社会隔离开来，使其失去再犯罪的条件，从而维护社会秩序，另一方面个别预防论还主动地将精神疗法、行为矫正、道德感化、家庭服务与社会服务等手段广泛用于对罪犯的矫正，尽力发挥行刑的积极作用。在个别预防论看来，刑罚虽然是防卫社会的必要手段，但是它并不是孤立地起作用，而是与社会治理、教育、经济等其他措施一起协调运行。实际上，强调行刑以个别预防为目的，并不是不强调一般预防，而是将一般预防的职能转给了行刑以外的法律制度和其他社会控制领域去实现。个别预防通过主动改造罪犯的犯罪思想，矫正其不良的行为习惯，降低其人身危险性，使得他们回归社会之后，不再侵害社会秩序。就刑罚本身对社会秩序的保护而言，个别预防的意义应该小于一般预防，但是刑罚的一般预防可以在制刑、量刑阶段实现，单就行刑阶段而言，对于社会秩序的维护强调个别预防更为合适。

三、有助于保障公民权利

现代刑罚制度有一个重要的价值追求，那就是保障公民权利。熟悉现代宪政理念的人都知道，保障公民权利的法律主要是宪法，因为宪法明确地规定了公民的基本权利和政府的组织形式。刑法是打击犯罪的法律，似乎其价值并不在于保障公民权利。其实，现代人对公民权利受到威胁的担心分为两个方面：一方面，担心国家自身对公民权利的侵犯，另一方面，担心其他公民对公民权利的侵犯。为了预防国家侵犯公民权利，现代人建立了宪政制度，为了预防后者侵犯公民权利，现代人建立了刑法制度。现代刑法制度的重要标志是罪刑法定。现代刑法正是通过刑事立法规定侵犯公民权利的行为构成犯罪，从而发挥保护公民权利不受其他公民任意侵害的作用。不仅如此，现代刑法制度对公民权利的保护还同时包括了保障罪犯这一特殊公民的权利。行刑目的为什么考虑保护罪犯这一特殊公民权利？其背后的理论逻辑是现代刑事制度之所以打击犯罪，其根本目的是为了保护人权。其中，也包括罪犯这一特殊公民未被依法剥夺和限制的基本人权。

四、有助于优化行刑关系

由于优化选择监狱的行刑目的，不是选择单一的报应或预防或恢复，而是要把这三个目的作为一个分层次有机的整体来加以考虑。在这个有机的整体中，报应是行刑的基本目的，是监狱制度赖以存在的逻辑基础，预防是行刑的积极目的，是行刑过程应该尽量追求的功利效应，而恢复是行刑的理想目的，是体现监狱制度文明的重要价值。具体来说，报应维护的是公民的基本权利，而预防追求的是社会控制的整体效能。前者表现为正义的要求，后者表现为功利的价值。一般来说，二者构成的是对立统一的关系。当二者相冲突时，可以用报应限制功利、报应让步功利。具体是：如果报应要求刑罚作出有利于公民个人的选择而功利要求作出不利于个人的选择，那么报应限制功利，即在任何情况下都不得超出报应所允许的限度而作出不利于个人的选择。例如，在一个兼容三种行刑目的的监狱系统中，如果一个原判 5 年的罪犯，在其服刑 5 年之后，监狱认为对其"改造"没有达到预期的要求，并判定此人回归社会之后还有可能再犯罪，如果按照预防的要求，就应该对其继续实施改造，而不应该如期回归社会。但是，按报应的要求，其 5 年刑期已经执行完毕，即对其法定的惩罚报应任务已经完成，就不应该继续惩罚，而应让其回归社会。这时候，监狱的行刑目的就应该是报应限制功利，应该让刑满罪犯回归社会，至于预防其今后犯罪的问题则不在监狱分工的职能范围之内。如果报应要求作出不利于个人的选择，而预防要求作出有利于个人的选择，则报应让步于功利，即在具体的情况下可以根据预防的要求作出有利于个人的选择。比如，一个原判刑罚 10 年的罪犯，经过监狱的 8 年服刑之后，符合服刑日常考核和综合评估要求，并被判定回归社会之后没有重新犯罪的危险。如果严格按照报应的目的要求，则其应再服完剩余 2 年刑期，但按照预防的要求，则可以选择"假释"该罪犯，让其回归社会。这就是所谓"报应让步于预防"。此外，由于恢复是监狱行刑的理想目的，因此在实现报应和预防目的的同时，监狱行刑要尽量减少对罪犯本人带来的身心危害，尽可能恢复罪犯的社会适应性，力争促进受害者、社会、罪犯本人三方的利益最大化。比如，监狱应当积极开展对于罪犯的职业技能培训，使之获得适应社会生活的职业技能，以便出狱后更好地融入社会。这方面的制度设计和安排就体现了监狱行刑的恢复目的。

总之，由于上述三种行刑目的各有利弊，因此，需要在制度设计和安排上充分考虑如何合理配置不同的行刑目的，从而有助于实现优化行刑关系的目的。

思考题

1. 什么是行刑目的？
2. 行刑目的主要有哪三类？各自的基本含义是什么？
3. 报应目的、预防目的和恢复目的的区别和联系是什么？
4. 选择行刑目的应考虑哪些基本原则？

第十章 行刑原则论

内容提要

● 本章首先讨论了行刑原则的概念及其意义，提出了六项行刑基本原则并对各项行刑原则的主要含义做了逐一阐述，最后说明了有效应用行刑原则的基本要求。

关键词

● 行刑原则　六项行刑原则　行刑原则的应用要求

第一节　行刑原则的含义

一、行刑原则的定义

在人们的日常使用习惯中，"原则"一词主要有三种含义：一是观察问题、处理问题的准则。由于受到立场、观点和方法的影响，人们对问题的看法和处理的根据有时会大相径庭。二是言行所依据的准则。也就是说话和行事所依据的方法和标准，如坚持原则、原则分歧、不讲原则。三是指总的方面，大体倾向。如"他原则上赞成这个方案，只在个别细节上提了些具体意见"。

这里所谈的行刑原则，在"原则"的含义上近似上述列举的第一、二种。但基于其专业属性，它属于法律原则的一般范畴，具体是指在一定法律体系中作为法律应用的指导思想，构成法律理论及其实践之基础或本源的综合性、稳定性的基本原理和行为准则。

行刑原则是刑罚执行原则的简称，是刑事执行领域的法律原则。借用法律原则的含义，行刑原则是指对于行刑理论及其实践具有指导意义的本源的、综合的、稳定的基本原理和行为准则。行刑原则是总结人类行刑实践，体现行刑文明价值的产物。行刑原则体现行刑目的，贯穿于行刑始终，见之于刑事立法或政策，具有行刑方法论价值。在我国监狱行刑理论和实践中，刑罚执行的原则是指监狱机关依法对死缓犯、无期徒刑犯、有期徒刑犯执行刑罚过程中必须遵循的一般思想和行为准则。

行刑原则虽然比较抽象，有时却像是众人皆知的公理，比如，行刑公正原则、人道原则、均衡原则等，它们既没有规定的事实状态，也没有如同行刑操作规则那样具有具体法律后果，但是它们对于指导刑罚执行的立法和司法实践却是不可或缺的；它们在正确创制行刑法律、理解或适用行刑法律的过程中却是必不可少的。如果没有行刑原则指引人们如何正确地适用行刑制度和规则，如果在没有相应法律规则时以行刑原则代替规则来作出裁决，如果不依照行刑原则进行法律推理，则监狱行刑活动可能误入歧途或者面临困境。

二、行刑原则的作用

考察行刑立法和司法两个层面，可以看到行刑原则具有下述具体作用：

（一）行刑原则对明确行刑法律制度的基本内容和价值取向具有决定性的作用

通常人们都认为法律原则是法律精神最集中的体现，行刑原则也不例外。以行刑人道原则为例，在《监狱法》中很多规定彰显了中国政府尊重和保护囚犯人权的具有鲜明时代特色和进步意义的法律精神。如该法在总则的第 7 条第 1 款明确规定，"罪犯的人格不受侮辱，其人身安全、合法财产和辩护、申诉、控告、检举以及其他未被依法剥夺或者限制的权利不受侵犯"。类似保障囚犯人权的规定在收监、对罪犯的申诉、控告、检举的处理、监外执行等方面监狱法都有体现。

（二）行刑原则能够帮助协调不同行刑制度之间可能存在的内在冲突或规定不一

在行刑的规定与规定之间，有时并非是相辅相成的，甚至互相发生冲突也难以避免，这虽然需要立法者制定法律制度时力求严密，但事实上要完全避免上述情形是不可能的。这时行刑原则就能用以协调行刑制度可能出现的矛盾。如《监狱法》第 25 条规定了监外执行可以包括无期徒刑犯人。但是我国《刑事诉讼法》明确规定监外执行的对象仅仅是被判处有期徒刑或者拘役的罪犯。如果按照特别法优于普通法，则需适用《监狱法》；如果按照新法优于旧法，就得采用《刑事诉讼法》。这时，如果依照行刑均衡的原则就能够协调其新旧矛盾关系[1]。

（三）行刑原则可以指引行刑制度的改革与发展

行刑原则是总结人类行刑实践经验的产物，体现了人类对于行刑文明的价值追求，包含了行刑运作的规范理性。因此，可以用以指引行刑制度的改革与发展。如以人道原则对我国监狱收监制度的完善为例，从对中外监狱收监制度的比

---

〔1〕 需要说明，鉴于上述情况，在 2012 年修订的《刑事诉讼法》对被判处无期徒刑的罪犯已经重新规定了"怀孕或正在哺乳自己婴儿的妇女"可以作为例外适用暂予监外执行的法定情形。

较来看，世界各国普遍规定有告知新入监犯人权利和义务的内容，许多国家和地区的监狱中都编印了《服刑人员权利手册》；而我国在这方面较为欠缺，虽然实践中我们也告知罪犯权利和义务，但是没有上升为法律。按照人道原则，囚犯享有了解监规制度的知情权。针对这一情况，我们在进行收监制度的改革时，就可以借鉴比较人性化的做法。

此外，行刑原则还可以在具体行刑实践，尤其是面临疑难案例或复杂问题时发挥法律解释、法律推理作用或为行使自由裁量权提供合理依据。

总之，自觉认识上述行刑原则的作用，将有助于正确发挥行刑原则的法律效力，深入领会行刑活动的基本目的，准确把握整个行刑制度的法律精神。

第二节　主要的行刑原则

一、行刑原则的比较选择

关于行刑原则到底有哪些，这些原则中哪些又是基本的原则，人们的观点不尽相同，提法也不一而足。比如，行刑人道原则、行刑教育原则、行刑个别化原则、行刑社会化原则、依法治监原则、惩罚与改造相结合的原则、教育与劳动相结合的原则、和谐性原则、经济性原则、目的性原则等，这些行刑基本原则的内涵不同，都有一定的借鉴意义。

不过，作为一种行刑的基本原则，我们认为它需要具备如下的一些特征：一是普适性。行刑原则源自人类从长期行刑实践，较为集中地体现了刑罚执行领域的精神文明成果，适用于当今不同社会制度的国家和地区。二是整体性。行刑原则对整个行刑过程都具有指导意义，它不是某种具体行刑活动的准则，也不是某阶段或者某环节的具体要求。三是明确性。人们依据行刑目的确立行刑原则，行刑原则必须体现行刑目的，其表述具有体现行刑目的的明确性。

根据这样的认识，我们认为上面列举的一些原则有的不具有普适性，比如，"依法治监原则"，虽然与我国的"依法治国"提法一脉相承，但并非国际社会通则；比如，"教育与劳动相结合的原则"缺乏整体性，因为教育可以与劳动相结合，也可以不结合；又比如，"目的性原则"主要是强调方法，但没有具体内涵，欠缺明确性。因此，经过反复比较、筛选和综合，在此选择的行刑基本原则主要有六项，即安全原则、人道原则、公正原则、效率原则、谦抑原则、均衡原则，简称"行刑六项基本原则"。

二、行刑原则的具体解释

（一）行刑安全原则

"安全"在《现代汉语词典》的解释是："没有危险；不受威胁；不出事故。"对应的英语单词主要有"Safety"和"Security"。古代汉语中，"安"字类似现代汉语中"安全"的意义。例如，"是故君子安而不忘危，存而不忘亡，治而不忘乱，是以身安而国家可保也"。这里的"安"所表达的就是"安全"的意思。

安全的含义主要有二：一方面是指安全的状态，就是"没有危险"，外部不受威胁，内部没有疾患，并且这种状态是客观的，不以人的主观意志为转移；另一方面是指通过安全措施，对安全加以维护。人们采用"安全"这个词语用来描述事物的属性，所以安全并非自在的事物，它必须依附一定的实体。当安全依附于社会时，那么便是"社会的安全"；当安全依附于国家时，那么便是"国家的安全"。

监狱安全是"安全属性"依附于监狱这一实体而形成的，所以行刑安全原则大体表明了监狱行刑力求摆脱内外危险的价值追求。行刑安全原则是指监狱行刑实现罪犯与社会的有效隔离，确保监管秩序安全，真正保障社会公共安全的原则。

归纳起来，行刑安全原则主要有以下核心含义：

1. 监管秩序的安全

对监管秩序安全可以用"收得下、关得牢、跑不了"来概括。监管秩序受到的风险和冲击源于押犯人格的危险性，也源于监狱环境封闭的变态社会性，还源于警囚双方及囚犯内部的人际关系紧张、监狱管理混乱等多种因素。同时，灾害、公共卫生事件等也会对监管秩序发起挑战。行刑安全原则意味着必须直面这些挑战和危机。行刑安全与监管秩序之间的关系极为明显，监管秩序只有在安全的情况下，监狱的社会生活才会有一定的确定性和连续性。如果监狱存在持续的动乱和冲突，难以想象监狱的刑罚执行、监管、教育、劳动能够正常开展，只怕连最低限度的基本需求如保命、安心吃住等基本需求都难以满足。只有监狱是安全的，监狱工作人员工作时是受到保护的，监狱工作环境有一定的确定性、稳定性，工作人员最大利益才能够得以保障。他们才有可能产生归属感，并认同监狱管理事业。就囚犯而言，只有监狱服刑环境是安全的，才有可能安心服刑，一定程度上认同对他们的惩罚及规训。

2. 社会防卫的安全

行刑的主要目的之一是实现对犯罪的特殊预防。通过实现罪犯和社会的有效隔离，保证在物理层面上阻隔其在社会上实施犯罪的可能。因此，公共安全无疑是监狱安全的题中之义。

（二）行刑人道原则

"人道"一词在中国古代是与"天道"相对的，曾经被表述为在"天人合一"关系中对人的地位和作用的充分肯定。因此，可以说人道是中国传统文化强调"以人为本"的重要表征，反映了对于人性价值的褒扬和追求。在西方，人道源于对中世纪"神道"的批判。伴随人性的恢复，文艺复兴的勃发，西方人道主义成为自由、平等、博爱思想的重要组成部分。西方人道主义发展到今天，不再是一种单纯的理论，更是一种伦理法则。

行刑人道原则是监狱对服刑人的一项行刑处遇原则，是把服刑人当作特殊的社会人对待，并且保障其做人的基本权利的原则。即对服刑人给予人道主义的待遇，尊重其人格和各种权利；坚决废除酷刑和其他残忍、不人道、有辱人格的待遇和处罚；并尽量通过教育、矫正和管理，使其能够成为自食其力的守法公民。因此，行刑人道原则以维护人的尊严，关注人的权利为目的，是社会进步的必然要求，具有重要的实体和工具价值。

1. 行刑人道原则具有自己的实体价值

无论服刑人对社会犯下多么严重的犯罪，只要没有对其判处死刑立即执行，就要无条件地给他人道待遇，保障其作为人的基本需要，视其为主体，而不是客体。由于人道就是将人本身的完善作为最高的价值，所以行刑人道原则还蕴含着尽量在法律允许的范围内给犯罪人以自由，使其得以形成重新做人的自觉意识和意志，帮助服刑人认识到真正的自由，培养和训练其实现自我。与此同时，在维护监管安全秩序的情形下，在法律的范围内，给予罪犯一定形式的自由。

2. 行刑人道原则有着一定的工具价值

那就是促使服刑人更好地改造更新，矫正犯罪人的反社会人格、打破犯罪心理结构、促使罪犯再社会化。行刑人道原则有利于避免监狱的负面效应，一定程度上降低犯人因为监禁而形成监狱人格、变得更坏的风险。由于行刑人道原则的机理是感化，监管人员以人道待遇对待罪犯，维护其权益，真诚引导罪犯弃恶从善，能够使罪犯的人格在潜移默化中变化。

归纳起来，行刑人道原则主要有以下核心含义：

1. 尊重罪犯的基本权利及认可其社会价值

服刑人尽管被监禁，因而失去了人身自由，但是，对其自由的剥夺和限制并非没有限度。服刑人享有生存权，监狱应保障其生理层面的基本物质需要；服刑人应享有人身不受非法侵害的权利等。通常，行刑人道意味着一种平衡，即服刑人在监狱里的待遇与社会上的公民的平衡，既使其受到应有的惩罚，但又不伤其生命、健康、人格平等。在社会层面，行刑人道主义意味着期待服刑人回归到一个有责任、有自我尊严的人。

2. 摒弃非人道的待遇

行刑人道主义意味着严禁体罚虐待服刑人。避免酷刑，反对残忍的、不人道的或者侮辱性的待遇或者刑罚。

总之，行刑人道原则应提供与社会发展水平相平衡的人道的生活、劳动条件及其他一切基本权益，绝不允许虐待、折磨犯人或者侮辱其人格，真正把罪犯当"人"看待，引导罪犯走"复归"社会之路。

（三）行刑公正原则

"公正"的意思是公平正直，没有偏私。如《荀子·正论》："故上者下之本也……上公正则下易直矣。"又如《朱子语类》卷二六："只是好恶当理，便是公正。"上述文献中公正都是公平正直的意思。公正，在英文中的对等词是 Justice 一词，含有公正、正义、正当、公平等意思。"公平"是指公道、平等，一视同仁；"正义"，即公正，通常指不偏不倚和合理。公正是人类普遍公认的崇高价值，但其确切的内涵到底是什么，却没有完全统一的理解，因而呈现出见仁见智的情形。但是，大体上，正义既有实质上的公正含义，又是一种评价事物是否公正的裁量准绳。因此，"正义"具有二元性，一方面，它代表了世间的公正，另一方面，它又是判断世间事物善恶的公平准则。

从公正的性质来看，行刑公正原则体现的是一种矫正正义，与之对应并作为其前提的是分配正义。分配正义（Distributive Justice）关注的是在社会成员或者群体之间进行权利、权力、义务和责任配置的问题。矫正正义（Corrective Justice）则是当分配正义的规范被社会成员违反时，依照恢复分配正义的要求所作出的相应赔偿。此外，行刑公正原则还体现了正义要依靠平等尺度实现的价值追求。正如联合国《囚犯待遇最低限度标准规则》第 6 条之规定，"下列规则应予以公正执行。不应基于种族、肤色、性别、语言、宗教、政见或者其他主张、国籍或社会出身、财产、出生或其他身份加以歧视"。

综上，行刑公正原则是指监狱行刑在实体法律上落实"罚当其罪"，给予罪犯应得的惩罚，在程序上贯彻"法律和刑罚面前人人平等"的一项原则。

归纳起来，行刑公正原则主要有如下核心含义：

1. 行刑公正是量刑公正的延伸

在裁量刑罚时，法官按照罪刑法定和罪刑均衡的原则对罪犯适用了刑罚，重罪重罚、轻罪轻罚，体现了正义的要求，但是仅有对罪犯的量刑，正义还只是停留在判决上，所以，要对罪犯落实刑罚、执行刑罚，最终才能实现公平正义。行刑公正原则还意味着在服刑期间，服刑人只有通过自己的努力，认罪服法，确有悔改表现和立功表现，切实履行其服刑义务，监狱主管机关才会提出减刑、假释的建议。

2. 行刑过程在程序上讲求"人人平等"的原则

它是"刑法面前人人平等"原则在刑事执行领域的体现。在执行刑罚时，对于所有的受刑人平等对待，凡罪行相同、主观恶性相同的，处遇应该相同，不受身份、地位、财富状况等的影响。不能对一部分人特殊化，对另一部分人加以歧视。办理减刑、假释等刑罚变更案件时，一律依法而为，禁止区分亲疏贵贱，徇私徇情。

（四）行刑效率原则

按照词典释义，"效率"指的是单位时间所完成的实际工作量。从经济学的视角看，效率是指最有效地使用社会资源以满足人类的愿望和需要。在行刑领域，效率是指以较少的投入，如以较短刑期和较少的行刑成本投入，得到较大的产出，即有效实现行刑目的。可以说，行刑效率原则源于刑事功利主义理论，揭示了行刑活动受经济思想的影响，注重追求效益的发展趋势。

总之，行刑效率原则是指监狱行刑应以最少的行刑成本投入，获得最大的行刑效果产出。换言之，即以最小的投入达成有效报应犯罪、预防犯罪和修复犯罪的最大社会效益。

归纳起来，行刑效率原则主要有以下核心含义：

1. 行刑效率原则关注的是积极行刑问题

监狱行刑不仅是消极报应犯罪，而且力求积极实现预防和恢复犯罪的目的。惩罚罪犯，其社会价值是公正；而预防犯罪的社会价值则是增益其善。只有受刑人复归后，才能够而且愿意无害于社会和其他公民地生活，并能真正预防和减少重新犯罪现象。

2. 行刑效率原则强调要有行刑成本和效益意识

一般认为，行刑效率与行刑成本成反比，与行刑的效果成正比。行刑的成本，包括行刑期限和行刑费用，而行刑效果，则取决于行刑功能（即行刑者相对于行刑对象的行刑能力）对于行刑目的的实现程度。可以简要表示为行刑效率＝行刑效果（行刑目的×行刑功能）÷行刑成本（行刑期限×行刑费用）。在该关系中，决定行刑效率的四要素是：行刑目的、行刑功能、行刑期限、行刑费用。在行刑目的、行刑期限、行刑费用已经明确的情况下，起调节作用的是行刑功能。行刑功能的强弱，决定行刑效率的高低[1]。

（五）行刑谦抑原则

"谦抑"是指温文而谦卑、退让，从字面上看就是克制、缩减或者压缩。从

---

〔1〕 详见郭明：《学术转型与话语重构——走向监狱学研究的新视域》，中国方正出版社 2003 年版，第 259 ~ 260 页。

词源上考察，我国古代早有"谦抑"一词的用法。如"徐氏诸子请（李）昇（bian）复姓，昇谦抑不敢忘徐氏恩，下其议百官，百官皆请，然后复姓李氏，改名曰昇"等多处使用该词，其意思是谦卑、退让。

现代刑法意义上的谦抑内涵，是由日本学者首先提出的，又称必要性原则。此原则可理解为是指立法者应当力求以最少的刑罚使用，即少用甚至不用刑罚（而用其他刑罚替代措施），获取最大的社会效益，即有效地预防和控制犯罪。也可理解为立法机关只有在该规范确属必不可少，即没有可以代替刑罚的其他适当方法存在的条件下，才能将某种违反法律秩序的行为设定成犯罪行为。

行刑谦抑原则意味着司法机关应在充分遵循罪刑法定、罪责刑相适应和人人平等原则的前提下，尽可能节约、克制行刑，而不是滥用、扩张监狱行刑。

就监狱行刑而言，行刑谦抑原则价值在于缩减刑罚的负面效应，限制刑罚的扩张滥用，使其保持在一个必要、合理的限度之内。比如，对于已经收押执行的罪犯，其剥夺和限制自由及相关权利的程度要尽可能把握最低限度，正如联合国《囚犯待遇最低限度标准规则》第57条之规定："监禁和使犯人同外界隔绝的其他措施因剥夺其自由、致不能享有自决权利，所以使囚犯感受折磨。因此，除非为合理隔离和维持纪律等缘故，不应加重此项情势所固有的痛苦。"同时，行刑谦抑原则意味着在法无明文禁止的情况下，容许依照程序适用变更性或替代性的非监禁刑罚处罚方式。

归纳起来，行刑谦抑原则主要有以下核心含义：

1. 节约、克制行刑

这是指监狱行刑必须尽可能优化和节制各种有限资源的使用。如缓刑制度，对原判刑罚附条件地暂缓执行等，既能弥补短期自由刑之不足，也可以避免犯罪人在监狱中交叉感染，由此对于人身危险性不大的短刑罪犯避免了因适用不节制的刑罚所造成的刑罚伦理或经济成本。

2. 最大限度减轻"监禁化"效应

这是指在监管安全得以保障的条件下，监狱行刑应尽其可能在监狱内部给予罪犯相对宽松的处遇，降低人格监狱化的负效应，从而提升重返社会的成功率。

（六）行刑均衡原则

"均衡"的字面意思是对等、平衡、有度等。作为一种哲学思想，体现了人类自觉认识万事万物的矛盾和冲突，力求把握其两极或多极平衡，极高明而道中庸的智慧精神。

行刑均衡原则是中国历代相沿的"宽严相济"的刑事政策和西方两极化的刑事政策的思想精华，强调在宽与严、刚与柔、恩与威、惩与教等行刑两极或多极因素之间把握动态平衡。以"宽严相济"政策为例，"宽"是指宽大、宽缓和宽容，"严"是指严格、严厉和严肃，"济"是指救济、协调和结合。依照行刑均衡思想，可以理解为宽不能宽大无边，严不能严厉无比。要做到宽中有严、严中有宽、宽严有度。具体结合行刑时，就要针对犯罪的不同情况，区别对待，该宽则宽，该严则严，既不法外施恩，也不是任意加重，而是要严格依照刑法、刑事诉讼法及相关的刑事法律，根据具体的案件情况来做到罪与罚、惩与教之间的动态平衡。

归纳起来，行刑均衡原则主要有以下核心含义：在行刑过程中，一定要有"辩证法"意识，在罪犯日常管理、罪犯分级处遇、各项制度适用上，通过辩证治理，保持行刑过程的多元因素的协调统一，尤其是对立因素，包括惩与教、宽与严、刚与柔、恩与威等的均衡关系，掌握好轻重缓急的"适度"和"中道"，从而实现行刑的动态综合平衡。

第三节　行刑原则的应用

行刑六项基本原则是一个具有内在联系的原则体系，六项原则各自独立，相互配合，彼此互补，共同维护行刑活动的正常运作。为了有效贯彻六项基本原则，兹提出如下应用要求：

一、准确理解各项原则的独特功用

第一，安全原则是基本前提。行刑如果没有满足安全的需要，甚至造成公共安全危机，就会使监狱失去存在的意义。

第二，人道原则是伦理底线。行刑要尊重人类文明精神和国际社会公约，保障最低限度囚犯待遇。

第三，公正原则是核心价值。行刑的首要目的在于报应犯罪，实现刑事正义。唯有行刑公正，才能够实现以正义的刑罚对治非正义的犯罪的核心价值。

第四，效率原则是经济意识。监狱行刑将消耗大量社会财富，因此，必须考虑投入与产出的关系，以最小化行刑成本获得最大化行刑效益。

第五，谦抑原则是道德反思。应时刻牢记刑罚是一种恶，是不得已而为之的以恶制恶，故需时时进行道德反思，树立止于必要、够用的意识。

第六，均衡原则是哲学智慧。通过辩证治理，保持行刑过程的多元因素的协调统一，尤其是对立因素，包括惩与教、宽与严、刚与柔、恩与威等的均衡关系，实现行刑的动态综合平衡。

二、自觉协调各项原则的相互关系

由于六项原则各具上述独特功用，因此，必定面临如何妥善处理各项原则的相互关系问题。尤其是当其发生冲突时，更加需要加以自觉协调。比如，公正和效率如同熊掌和鱼的关系，经常不可得兼。当二者发生冲突时，就必须根据公正原则和效率原则在行刑中的不同地位和作用，采取"公正优先，兼顾效率"之法；又比如，虽然公正作为行刑的核心价值，在与效率不可兼得的情况下应当优于效率，但如果在与安全这一基本前提相矛盾时，就必须暂且有所退让。试想如果监狱安全受到严重威胁而必须超常规地予以紧急处置之时，包括公正原则在内的其他原则，不得不临时降格以求优先保障监狱安全稳定为急务。当然，在监狱安全运行有保障的情况下，不能以安全是前提的理由，影响其他原则的正常应用。

思考题

1. 什么是行刑原则？行刑基本原则有哪些？
2. 各项行刑基本原则的核心含义是什么？
3. 有效应用六项行刑原则的基本要求是什么？

第十一章　行刑模式论

内容提要

● 本章首先分析了行刑模式的概念及其构成要素，然后阐述了行刑模式的分类方法及其构成体系，最后介绍了优化配置行刑模式的依据和原则。

关键词

● 行刑模式　行刑模式的分类　行刑模式的优化

 第一节　行刑模式的含义

一、行刑模式的定义

所谓行刑模式，是指具有典型意义的某种刑罚执行方式。其典型意义表现在，它是在特定的行刑目的指导下，适合特定行刑对象所采取的一种具有特定内容和方法的行刑方式。这种行刑方式因其独特性和差异性而在学理和应用上具有比较和借鉴意义。

根据上述定义，总结中外监狱行刑模式的主要现象，可知"行刑模式"的不同，与下列要素禀赋有关：

（一）与行刑目的的不同有关

不同的行刑目的，对不同的行刑模式具有选择性。换言之，行刑模式是不同行刑目的选择的结果。模式凸显于外，而目的是隐含于内。国家的意识形态不同，社会的刑事观念不同，都会影响行刑目的的要素禀赋，从而使行刑模式不尽相同。

（二）与行刑对象的不同有关

从古至今，人们对行刑对象，包括他们的犯罪原因、主体特征等的认识很不相同。因此，在如何行刑和处遇罪犯的观念上也大异其趣。可以说，不同的行刑模式反映了人们对犯罪人的不同认识，也满足对于不同犯罪人的行刑需要。

（三）与行刑内容和方法的不同有关

从纯粹自由刑的观点来看，监禁惩罚是监狱行刑的基本内容和方法。但是，伴随行刑的发展，行刑内容和方法日益丰富复杂。基于行刑目的、行刑对象、历史条件和时代需要等的不同，不同国家或地域的具体监狱行刑，会有其特定的内容和方法特色：有的主张宗教感化，有的注重道德教诲，有的强调思想改造，还有的倡导心理矫正等。这说明，行刑模式是以其特定内容和方法特色为标志的。行刑模式是多样性和差异性相统一的具体行刑实践的产物。

此外，行刑模式的概念有广义和狭义之分。广义的行刑模式包括所有刑罚执行模式，狭义的行刑模式只包括自由刑的行刑模式。迄今为止，在自由刑的行刑模式中，主要包括单纯报应的监禁行刑模式和复合报应的综合行刑模式。其中，综合行刑模式除了包含报应，还复合了预防、恢复等不同目的、内容和方法等元素。

二、行刑模式的构成要素

行刑模式的运行需要由多种要素组成，包括行刑对象、行刑者、行刑环境（包括物理环境和文化环境）、行刑内容和方法。此外还包括起抽象指导作用的行刑目的。不同的行刑模式，在行刑结构的要素禀赋上会有差异。分析不同的行刑模式，需要分析其构成要素的禀赋差异。根据监狱本体理论，分析行刑结构，可以知道行刑模式的核心构成要素主要包括以下两个方面：

（一）行刑模式的有形构成要素

1. 行刑对象

行刑对象是行刑的前提条件，如果没有行刑对象，所有的行刑活动都不可能发生。但不同的行刑对象对于行刑模式具有选择性。换言之，不同的行刑模式适应了不同行刑对象的行刑需要。比如，纳粹集中营的关押对象主要是被喻为"妖魔"的犹太人，苏联劳改营的关押对象主要是被称为"苏维埃政权的敌人"的持不同政见者，关塔那摩军事基地监狱关押了众多的"国际恐怖分子"等。

2. 行刑者

行刑者是从事行刑活动的人员，他们代表国家并以不同的岗位分工承担各自的刑罚执行工作。在不同的监狱行刑模式中，行刑者的构成具有较大的差别。比如，在我国的改造模式中，行刑者都是警察身份；而在美国的矫正模式中，行刑者除了警务人员外，还有大量非警务编制的专业技术或管理人员。在一些特殊的行刑模式，比如，关塔那摩军事基地监狱中，行刑者都是军人。

3. 行刑设施

行刑设施用于监禁行刑对象，也是区别行刑模式的重要标志符号。比如，在我国古代监狱中，狱门一般刻有"陛犴"，狱内还建有"狱神庙"等，而西方的一些近代监狱中，则给犯人加戴"面具"或设有"教堂"等。行刑设施的标志性特征反映了不同行刑模式的文化差别。

（二）行刑模式的无形构成要素

行刑模式除了有形构成要素，还有若干无形构成要素，主要是指"行刑目的""行刑内容""行刑方法"等义项。由于不同行刑模式包含了不同的行刑目的、内容和方法，因此，比较其目的、内容和方法的不同，可以帮助辨别行刑模式的不同。比如，同样是预防刑体系，存在感化刑模式、教诲刑模式、改造刑模式和矫正刑模式等的差异："感化刑模式"的目的是灵魂救赎，内容是宗教教义学习，方法是牧师指导忏悔；"教诲刑模式"的目的是改恶从善，内容是重温道德礼仪，方法是课堂教诲；"改造刑模式"的目的是改过自新，内容是政治理论学习，方法是教育改造和劳动改造；"矫正刑模式"的目的是矫正心理缺陷，内容是心理康复，方法是心理咨询师进行专业的咨询与矫正。此外，需要明了在目的、内容和方法等无形构成要素的相互关系中，目的是第一位的，因为目的包含了行刑的理念和依据，对内容和方法具有选择作用。

第二节 行刑模式的分类

一、行刑模式的分类根据

对"行刑模式"进行分类，首先涉及分类根据问题。考察古今中外的行刑模式现象，可以发现除了旨在实现报应目的的单纯监禁行刑模式之外，其他所有行刑模式都是报应目的、预防目的或恢复目的等多种目的混合杂糅的复合行刑模式。因此，对行刑模式的学理分类可以采取以下根据：其一，根据行刑目的的单纯与否对行刑模式进行一度分类，即分为单纯行刑模式和复合行刑模式。其二，根据行刑内容和方法所体现的功能属性，对复合行刑模式进行二度分类，据此可有行刑政治模式、行刑经济模式、行刑训育模式、行刑宗教模式、行刑医学模式、行刑社区模式、行刑防卫模式、行刑整合模式等。其三，根据分类的前述结果，提供符合其模式特征的佐证实例。

需要说明，学理分类的根据是对行刑模式现象抽象分类的一般根据。由于学理分类往往因分类依据或标准的不同，而有不同的分类构成体系。因此，除了上述分类法，也可以按照其他依据和标准尝试分类。比如，按照监狱和社会的关系来分，可以分为封闭行刑模式、半开放行刑模式和开放行刑模式等；按照罪犯的法律地位来分，有罪犯权利模式、罪犯义务模式和罪犯权义混合模式等；按照管理特点来分，有军事管理模式、校园管理模式、家庭管理模式和工厂管理模式等；按照行刑理念来分，有行刑政治模式、行刑经济模式、行刑法治模式、行刑宗教模式、行刑文化模式等；按行刑内容来分，有劳动行刑模式、教育行刑模式、康复行刑模式等；根据认识需要来分，有"政治—道德"模式、"政治—经济"模式、"政治—医学"模式等。比如，米歇尔·福柯在《规训与惩罚》一书中指出："监狱被要求成为'有益的'，剥夺自由——法律对想象财产的征用——从一开始就必须起一种积极的技术作用，即对人进行改造。而为了进行这种运作，'监狱机构'诉诸三种重大模式，实行隔离和建立等级关系的政治—道德模式；把力量用于强制工作的经济模式，进行医疗和使人正常化（规范化）的技术—医学模式。这就是单人囚室、工厂和医院。"[1] 当然，这些从多元视角建构的学理分类方法及其结果，与行刑模式的实际情况并不直接对应或完全吻合，其主要作用是有助于深入地揭示行刑模式的复杂性和多样性，为更好地认识、选择和应用不同行刑模式提供参考。

二、行刑模式的分类构成

按照上述学理分类法，将行刑模式的一般分类构成介绍如下：

（一）单纯行刑模式

如前所述，单纯行刑模式是以单纯实现报应为目的的监禁惩罚模式。主要有两种类型：

第一，野蛮报应模式，即盛行于古代的各种徒刑监禁模式。

第二，正义报应模式，主要是指近代的古典行刑法治模式。

所谓正义报应模式，是伴随近代以来的刑事理性化运动，由刑事古典学派的改革先驱们在批判古代野蛮报应模式的基础上推演而成的古典行刑法治模式。该模式假设人是具有自由意志的理性人，应对自己的行为负责，故主张按照罪刑法定、罪刑相应等原则对犯罪者施以严格的等价报应刑以及威慑性预防。在此模式下，不仅量刑要求判处定期刑，行刑也禁止变更原判刑罚。其行刑内容和方法一般以实施独居监禁为主要特征。其典型实例，如 18 世纪末由边沁设想的"圆形监狱"的"敞视制"，19 世纪中叶英国的"彭顿维尔监狱"的"面具制"等模式。

（二）复合行刑模式

"复合行刑模式"是在传承或削弱单纯报应行刑制度的基础上，迭加预防刑或恢复刑的一般目的及其他相应刑事理念，进行内容和方法创新实践所形成的各种模式形态。世界范围内的复合模式现象形形色色，难以进行完全归纳。兹依据典型行刑功能特点，择要分类介绍如下：

---

〔1〕［法］米歇尔·福柯著，刘北成、杨远婴译：《规训与惩罚：监狱的诞生》，生活·读书·新知三联书店 1999 年版，第 227 页。

1. 行刑政治模式（俗称"改造模式"等）

该模式主要针对危害国家政权、在阶级关系或民族关系上被视为反对派（敌人）的犯罪人，按照国家意识形态的要求加以思想改造、劳动改造或肉体改造以期转变或摧毁其思想政治意识的行刑模式。其典型实例，如苏联的"劳改营（古拉格）"，我国20世纪50年代的"秦城监狱"等模式。

2. 行刑经济模式（俗称"工厂模式""农场模式"等）

该模式将罪犯视为重要的"经济资源"、廉价的"劳动力"。作为经济资源的劳动力，是监狱经济关系的构成要素，将其与生产资料加以结合，就可以创造社会财富。依此模式，监狱就变成了一座"围墙内的工厂"、"铁丝网中农场"，行刑活动变成了生产活动，经济效益成为衡量行刑好坏的主要指标。其典型实例，如近代美国的"奥本监狱"的"沉默劳动制"，苏联劳改营的"劳改工厂或农场"，我国当下监狱的"劳务加工制"等模式。

3. 行刑训育模式（俗称"教育模式"等）

该模式认定导致犯罪的重要原因是犯罪人的道德品行不良、知识技能欠缺，故将罪犯视为需要进行思想道德、文化知识、职业技能教育的对象，从改恶从善、造就新人的行刑理念出发，以组织制度性的各种课堂教育和行为讲评活动为特色。其典型实例，如19世纪下半叶美国纽约州"埃尔米拉教养院"的"训育制"，加利福尼亚州阿特沃特联邦监狱的"职业培训制"，我国民国初年京师第一监狱的"课堂教诲"，当下我国监狱的"三课教育"等模式。

4. 行刑宗教模式（俗称"感化模式"等）

该模式流行于欧美信奉基督教的各国监狱。它主要认定罪犯是一个精神信仰缺失或中邪入魔的人，相信宗教教诲的力量，故在监狱引进宗教感化的行刑制度。其典型的做法以读经、做礼拜、委派牧师等神职人员担任教诲师进行定期劝悔辅导为主要特色。其典型实例，如18世纪末美国宾州监狱的"劝悔制"等模式。

5. 行刑医学模式（俗称"矫正模式""康复模式""医疗模式"等）

该模式盛行于20世纪40年代迄今以美国为代表的欧美等国。其假定犯人是心理行为有健康问题的病人，代表性的观点是"犯人只是病人，而非坏人，正是他们的疾病驱使其犯罪"。因此，该模式将监狱变性为矫正、治疗罪犯心理疾病的专门矫正机构。主要通过分类调查、心理测验以及精神病学检查等，诊断罪犯心理问题，采取心理咨询、心理剧、交往分析、现实疗法、集体疗法、循证矫正等一系列心理咨询和治疗方法。其典型实例，如美国西弗吉尼亚州贝克利联邦监狱的"心理保健计划""住宿戒毒治疗计划"等模式。

6. 行刑社区模式（俗称"重返社会模式"等）

该模式发源于 20 世纪 60 年代的欧美诸国，重返思想是连接社区矫正的理论基础。为了帮助罪犯重新适应社会生活，该模式将社区当作适应训练中心，创制了以各种重返社会训练项目为载体，对短刑犯和服刑后期的罪犯给予提前释放、工作释放、教育释放、探亲释放等各种内容和形式的重返训练为特色。其典型实例，如芬兰赫尔辛基—芬兰堡开放监狱的"重返训练制"等模式。

7. 行刑防卫模式（俗称"戒备模式"等）

该模式发源于 20 世纪 70 年代之后的美国。其主要背景是伴随矫正主义的衰落，新刑事惩罚主义的抬头，一种强调刑罚严厉性、确定性、保安性和防卫性的主张成为行刑改革的主导思想。其模式的主要成果是鲜明体现行刑防卫性的"分级戒备模式"。该模式根据犯罪的严重程度和服刑及再犯的风险程度设计相应的监狱安全戒备等级，形成低度戒备、中度戒备和高度戒备等三种安全戒备等级的行刑防卫模式。其典型实例，如美国伊利诺伊州斯坦特维拉监狱，马里兰州立监狱的"高度戒备制"等模式。

8. 行刑整合模式

伴随全球化及互联网信息技术普及所带来的监狱文化传播效应，行刑模式的分化和整合成为现代监狱发展的主要特点之一。其中，经由借鉴和转化多种行刑模式元素所形成的行刑整合模式体现了行刑目的、内容和方法的国际化、多元化、综合性等特征。

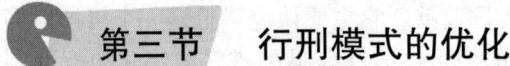

第三节　行刑模式的优化

一、行刑模式的优化依据

行刑模式是某种具有鲜明功能特征的行刑方式。优化配置行刑模式的主要依据是没有一种行刑方式是尽善尽美或一成不变的，当一种行刑方式不能有效实现行刑目的或适应行刑条件的需要时，人们就会通过优化配置行刑模式以实现改进或完善固有行刑模式的目的。优化配置行刑模式除了必须准确理解行刑目的的内涵和要求外，还必须深入了解行刑模式的构成要素，借鉴和转化各种不同行刑模式的有效元素，由此才能实现优化配置的目的。其中，极为关键的是特别需要研究行刑模式的现实经验与困难。比如，以西方"行刑医学模式"为例。该模式包括矫正、治疗、康复等不同模式分型。三者既有通过心理医学实现预防犯罪的目的共性，又有根据不同对象需求加以应用的内容和方法个性。其中，矫正模式适用所有假定具有心理健康问题的服刑对象，而治疗模式和康复模式是更加个案化、更具专业性和系统性的矫正模式，往往适用于具有严重身心疾病的服刑对象，从治疗到康复则体现了专业分工的需要。总之，行刑医疗模式充分显示了一种司法医学的专业主义实践特色。与之相对照，不妨以1949年以来的中国"行刑政治模式"为例。1949年迄今，中国大陆的行刑模式主要是借鉴和移植自苏联的"改造模式"。由于中国社会走向改革开放和中外监狱文化关系所带来的刑事意识形态变化，目前，这一苏式"改造模式"正面临美式"矫正模式"的挑战。换言之，也可以说本国固有模式面临着优化配置的现实。目前，从"行刑目的"要素来看，我国"改造模式"虽然仍秉持"惩罚和改造相结合，以改造人为宗旨"的行刑理念，但矫正理念已经大量植入，开始挤兑改造话语；从"行刑方法"要素来看，除了继续坚持传统的思想改造，已经开始尝试心理咨询、风险评估、循证矫正等源自矫正模式的惯用技术；从"行刑者"要素来看，虽然中国的监狱管理人员是人民警察，具有公务员和警察的双重身份，但已经面临职业化建设，尤其是分工专业化建设的挑战。当下中国监狱行刑模式究竟是从"改造模式"直接转向"矫正模式"或走向改造和矫正共存的"整合模式"，还是超越改造的行刑政治理念和矫正的行刑医学理念，重新明确优化配置的理论和实践依据，创建更加符合中国文化特点和现代行刑趋势的行刑法治模式？[1] 显然，中国监狱已经出现了行刑模式重新优化配置的紧迫现实问题。

二、行刑模式的优化原则

综上可知，行刑模式的优化配置依据源于现实的挑战，如何优化配置行刑模式既是理论问题，更是实践问题。以下从理论指导的需要出发，提出有助于优化配置的若干基本原则：

（一）目的原则

无论对已有的行刑模式如何进行变革，都必须遵循合目的性原则。这是说，必须慎重对待行刑目的要素。只有在明确了究竟选择何种目的的情况下，才能判断模式之是否可能或可行。否则，就会失去改革方向、重心和目标。

（二）现实原则

不同国家采用不同的行刑模式，往往是基于该国的犯罪状况、历史传统、政治因素、社会因素等本土条件。因此，在借鉴和改革之时，应当尊重现实，不可生搬硬套。

（三）系统原则

现代行刑模式不是单一要素的构成，在强调某一要素的同时，要从系统的观

---

〔1〕 关于"行刑法治模式"的论述，详见郭明："刑事契约论"，载陈兴良编：《公法》（第5卷），法律出版社2006年版；郭明："'契约刑'论：探求刑事正义的法治解决之道"，载《中国人民大学复印报刊资料（刑事法学）》2010年第2期。

点，组织各种要素的结构与层次关系，从而保证模式的整体有机性。

（四）兼容原则

基于各种行刑模式的特质差异，借鉴和转化可能出现机能冲突问题，这就需要考虑解决其兼容性问题。因此，兼容原则也是一项不可或缺的原则。

 思考题

1. 什么是行刑模式？它有哪些主要特征？
2. 行刑模式的构成要素有哪些？
3. 什么是行刑模式的分类方法？
4. 优化配置行刑模式的依据和原则是什么？

第十二章　行刑法治论

内容提要
● 本章首先分析了行刑法治的概念，介绍了有关行刑法律关系的理论，然后对行刑法治的内容与方法，即行刑立法规范的含义、类型和行刑司法程序的含义、构造等进行了阐述。
关键词
● 行刑法治　行刑法律关系　行刑立法规范　行刑司法程序

 ## 第一节　行刑法治的含义

一、行刑法治的定义

行刑法治是监狱法治的重要组成部分，它是通过立法的规范和司法的适用，确认并调整监狱行刑社会关系及其活动，从而实现行刑正义的法律实践。

行刑的法治问题是监狱行刑理论研究的重要内容，理解行刑法治的概念，需要领会以下几方面的含义：

（一）行刑法治是监狱法治的核心内容

行刑法治与监狱法治不是同一个层次的概念，行刑法治是监狱法治的子概念。监狱法治表述的是监狱制度各组成部分的整体法治化，包含了监狱行刑法治、行政法治和经济或民事法治等不同法律关系治理的全部内容，而行刑法治主要涉及刑罚执行法律关系的确认和调整活动，包括行刑实体和行刑程序两方面内容。由于我国《监狱法》第 2 条明确规定了"监狱是国家的刑罚执行机关"，这就决定了刑罚执行是监狱活动的核心内容。总之，虽然行刑法治、行政法治和民事法治共同构成了监狱法治，但相对于监狱的行政法治和民事法治，行刑法治处于基础和核心的地位。

（二）行刑法治通过立法的规范和司法的适用得以实现

古希腊思想家亚里士多德曾指出："法治应包含两重含义：已成立的法律获

得普遍的服从，而大家所服从的法律又应该是本身制定得良好的法律。"〔1〕 作为刑事法治所辖的行刑法治，其实现也包括这两个部分内容。具体而言：

1. 通过立法明确行刑法治的规范

行刑法治最基本的含义是根据法律进行行刑活动，即依法行刑。著名学者哈耶克认为，"法治意味着政府的全部活动应受预先确定并加以宣布的规则的制约——这些规则能够使人们明确地预见到特定情况下行政当局将如何行使强制力，以便根据这种认知规划个人的事务"〔2〕。通过立法的规范确定行刑法治的内容，也是为了确保行刑活动中所有事项的处理都受到公开规则的制约。有了明确予以规范的行刑规则，报应、预防、恢复等行刑目的才能得到具体的落实。总之，行刑活动中涉及的各种事项应当通过立法活动予以直接或间接的明确。其中，"直接明确"是指对于关系罪犯基本权利义务或者重要权利义务的事项，相关法律必须明确予以规定。比如，罪犯人身安全、健康、人格平等、尊严以及获得假释、减刑的权利、通信自由的保障等事项。"间接明确"是指对于一般行刑事项或者操作性的行刑规则，可以以相关法律为依据的其他规范性规则为活动依据。比如，行刑过程中，如减刑、假释的具体操作流程、罪犯与亲属会见的具体步骤等。

2. 通过司法实现行刑法治的目标

通过合理有效的司法实践加以落实。通过立法明确规范行刑法治的各种内容，构建了行刑法治的规则体系。通过司法适用才能最终落实行刑立法中确定的规则内容，"司法适用"就是指通过行刑司法程序的应用来贯彻行刑立法规范的内容，使行刑立法规范的内容针对"个案"的具体化、现实化。其中，行刑司法程序是指不仅将行刑活动的处理方式通过法律固定化，而且将行刑立法所规范的实体内容适用于特定案件的行刑，作出明确的判决或裁定。由此可知，行刑司法程序保证了具体事项处理按照一定的流程规范加以解决，比如，我国《监狱法》第三章第四节明文规定了减刑、假释的相关内容，但这些基本立法规定往往比较抽象和原则，因此，其司法适用程序的基本规范主要见之于《监狱提请减刑假释工作程序规定》等下位法律的具体规定，由此确保减刑、假释的立法规范与

---

〔1〕 ［古希腊］亚里士多德著，吴寿彭译：《政治学》，商务印书馆 1965 年版，第 167～168 页。

〔2〕 转引自张文显主编：《马克思主义法理学——理论、方法和前沿》，高等教育出版社 2003 年版，第 338 页。

司法适用程序实现有机统一[1]。

（三）行刑法治的方法是立法确认和司法调整

行刑法治的方法主要是针对监狱行刑社会关系及其行刑活动，借助立法规范进行"确认"，借助司法适用加以"调整"。"监狱行刑社会关系及其活动"是指在监狱行刑过程中，行刑主体之间围绕刑罚执行所产生的具体社会联系。这里所说的具体社会联系主要是行刑主体之间相互作用所形成的权利与义务关系。而"行刑活动"指的是各种监狱刑罚执行行为产生、变更和消灭的社会活动过程。由于监狱活动带有权力主导性质，很多单方面的监狱行刑行为不宜看作是行刑社会关系。比如，监狱对于罪犯日常行为的考核，虽然其结果与减刑密切相关，但很大程度上只能被归为监狱行使职权的行政行为。总之，行刑法治所涉及的上述对象，正是行刑立法规范予以确认，也是行刑司法适用所要调整的对象。在此需要补充解释的是关于确认和调整的实质含义。"确认"具有这样的特点，即只有通过立法所确认的行刑关系及行刑活动才具有法律意义。比如，我国《监狱法》第19条规定"罪犯不得携带子女在监内服刑"。罪犯不能携带子女服刑本来可以看作是一个大家公认的服刑事实，但通过法律予以确认才使之具备了可供司法调整的合法性或正当性。与确认的特点不同，"调整"是对于监狱行刑社会关系及行刑活动的动态司法，意味着司法主体对特定的行刑社会关系和行刑活动随时依法进行介入、干预、改变和规制等。比如，我国《监狱法》第30条对于减刑操作的规定，"减刑建议由监狱向人民法院提出，人民法院应当自收到减刑建议书之日起1个月内予以审核裁定；案情复杂或者情况特殊的，可以延长1个月。减刑裁定的副本应当抄送人民检察院"。当罪犯符合减刑条件时，即可按照该条规定对于减刑社会关系进行干预，使减刑这一行刑事实被纳入监狱行刑法治运行之中。总之，"确认"为了"调整"，"调整"需要"确认"，两者是行刑法治发挥作用的主要手段。

（四）行刑法治的价值目标在于实现行刑正义

行刑正义是监狱行刑的核心价值，因而成为行刑法治的价值目标。行刑法治的主要功能在于解决行刑实践中所面临的法律关系，即刑事权利与义务的确认和调整问题。因此，它与行刑正义的实现直接相关。比如，在面对罪犯与配偶同居这一问题时，虽然罪犯因为服刑而丧失了自由，进而在服刑中因客观条件不能享

---

[1]　需要说明的是，这里是为了论述方便的概括表述，并不是我国《监狱法》中关于减刑、假释的规定就都是立法规范，而其他效力较低文件中规定的就是减刑假释的司法程序。行刑司法程序是关于具体行刑活动的步骤、方式、时间序列的整合，各种规范性文件中的相关内容共同构成了某一具体行刑活动的司法程序。因此，我国《监狱法》中既有立法的规范内容，也有司法适用的程序内容，只不过前者比例相对较大。

有与配偶同居的权利。但作为罪犯配偶的婚姻权利是完整的，如果他们主动要求与罪犯同居，行使合法婚姻所赋予的同居权利，其请求是否可以得到认可和支持呢？这样的行刑问题如果不放在行刑法治价值目标实现的语境中，如果不与权利损害救济，不与正义命题直接联系，很难得到圆满的解答。因此，行刑法治的存在恰恰为行刑正义的实现提供了一个基本方法。

二、行刑法治的推行意义

综上所述，行刑法治的主要价值就是实现行刑正义。只有依靠行刑法治，监狱的行刑秩序和罪犯的刑事权利才能真正得以保障。因此，建设行刑法治不仅有助于真正确保实现行刑正义的刑事法益，而且还具有下述历史进步和现实指导意义。

（一）历史进步意义

人类的行刑活动经历了漫长的历史发展过程。在古代，刑罚种类繁多，行刑内容复杂，行刑方式野蛮。一系列维护统治者利益的酷刑体现了行刑制度的非正义性。伴随刑罚体系经历了从严酷到宽和、从感性到理性的演进，自由刑替代生命刑、身体刑不仅成为现代刑罚体系的中心，而且，自由刑的制度运作，从立法到司法也体现了规范化的理性特征。监狱行刑的价值追求和任务要求也发生了根本变化。为了确保国家对于罪犯实施监管安全、刑罚执行、狱政管理、罪犯教育、罪犯劳动等全部活动合乎社会正义的目标和要求，法治成为不可或缺的行刑治理力量。可以说，近代以来西方刑罚取得主要进步离不开法治化的推动，中国刑罚的近代化后发于西方发达国家并经历了反复曲折的发展过程，"行刑法治"的明确提出，直接为行刑活动提供了实质正义和程序正义的共同理念背景，将促进行刑立法和司法活动的规范化和制度化。

（二）现实指导意义

当下中国监狱的行刑制度正处在转型的现实之中，从原有的行刑政治模式究竟向何种模式转型？如果推行行刑法治，就意味着中国监狱将从以"改造刑"为主导的行刑政治模式，向以"契约刑"为主导的行刑法治模式转型，从而避免向以"矫正刑"为主导的"行刑医疗模式"转型的发展歧途。[1] 总之，推行行刑法治将为中国监狱的制度改革指明正确方向，并将有力推进行刑法治模式的建设和监狱人权保障事业的发展。因而，具有重要的现实指导意义。

---

〔1〕 关于"行刑法治模式"的论述，详见郭明："刑事契约论"，载陈兴良编：《公法》（第5卷），法律出版社2006年版；郭明："'契约刑'论：探求刑事正义的法治解决之道"，载《中国人民大学复印报刊资料（刑事法学）》2010年第2期。

第二节 行刑的立法规范

行刑的立法规范是行刑法治赖以实施的基础和根据，它是通过立法形式加以明确的行刑规范体系。行刑立法规范的合理和完善将为行刑司法提供良好的立法保障。为了更好地理解行刑立法规范的概念和方法，有必要根据"法律关系"的一般理论，首先介绍"行刑法律关系"这一行刑法治的基本理论工具。

一、行刑法律关系的概念

（一）行刑法律关系的定义

"行刑法律关系"一词来源于"法律关系""刑事法律关系"的基本理论，它是指经行刑立法规范所确认和调整、以行刑权利和行刑义务为内容的行刑法律社会关系。

把握行刑法律关系的概念，需要明确行刑法律关系与行刑立法规范的关系。行刑法律关系是行刑立法规范对行刑社会关系进行确认和调整的结果。因此，没有相应的行刑立法规范，也就不可能使行刑社会关系成为相应的行刑法律关系。换言之，现实的行刑社会关系未经行刑立法规范的确认或调整，就不具有"法律意义"。在这里，还需要注意的是，与其上位概念法律关系一样，行刑法律关系与行刑社会关系不完全对应。行刑社会关系是一种社会生活关系，是实际存在监狱全部社会关系状态，而行刑法律关系只是其中依据行刑立法规范建构抽象和具体行刑法律秩序的产物。这是说，并非所有的监狱社会生活关系都有必要或必须成为刑事立法确认和司法调整的对象。

（二）行刑法律关系的构成要素

法律关系由主体、客体和内容三要素构成。与法律关系一样，行刑法律关系也是由行刑法律关系主体、行刑法律关系客体和行刑法律关系内容三要素构成。

1. 行刑法律关系主体

行刑法律关系主体即行刑法律关系的缔结者和参与者，是指在行刑法律关系中行刑权利的享有者和行刑义务的承担者。行刑法律关系主体是行刑法律关系的参加者，但并非所有的行刑活动参加者都是行刑法律关系的主体。行刑法律关系主体具有法定性，只有法律规定的特定主体才能作为行刑法律关系的主体。

根据我国法律规定，行刑法律关系的主体包括监狱和罪犯两大类。我国《监狱法》第 2 条规定："监狱是国家的刑罚执行机关。依照刑法和刑事诉讼法的规定，被判处死刑缓期 2 年执行、无期徒刑、有期徒刑的罪犯，在监狱内执行刑罚。"这就明确地对行刑法律关系主体作出了界定。因为刑罚执行是监狱的基本职能，因此行刑权的直接享有者和直接适用者，即监狱和罪犯理所当然地是行刑法律关系的主体。总之，行刑活动中所形成的行刑法律法律关系，是由行刑立法规范对于行刑法律关系主体之间即监狱与罪犯之间的行刑社会关系的确认和调整形成的。

监狱是行刑法律关系主体中的主导一方。我国法律将刑罚执行权赋予了监狱，这就意味着其他司法机关（包括公安机关、人民法院、人民检察院以及人民武装警察等）虽然可能参与到行刑法律关系中，但在行刑法律关系中均不享有主体地位。比如，在减刑、假释环节，虽然人民法院发挥着主导作用，但一方面人民法院与罪犯之间的关系不是依据行刑立法规范形成的，另一方面，人民法院是一个司法者的角色，而并不是享有行刑法律权利和承担行刑法律义务的行刑法律关系主体。罪犯是行刑法律关系主体的另一方，这就意味着罪犯在行刑活动中并不仅仅处于简单的服从和受强制地位，而是履行特定义务、享有特定权利的主体。在历史上，罪犯一度被视为毫无任何权利的打击对象，根本就谈不上是行刑法律关系的主体。但随着社会进步和罪犯人权的肯定，罪犯已经成为行刑法律关系中必不可少的一方主体了。在现代监狱，罪犯可以通过履行义务和主张权利，参与和影响行刑法律关系的发生、变更或消亡的全过程。比如，当罪犯受到不公正待遇时，可以积极行使自己的申诉控告权，从而改变自己的不利处境。罪犯在符合减刑条件时，也可以积极主张减刑，并有权获得合理的答复。这就是罪犯作为行刑法律关系主体地位的体现。

当然，由于罪犯被限制了人身自由，而且我国也明确将"惩罚和改造罪犯"作为了法定行刑目的。行刑的惩罚属性决定了罪犯事实上处于一种相对不平等的地位。但我们必须认识到，罪犯因服刑现实的不平等并不能改变其法律地位的不平等。罪犯作为行刑法律关系的主体，其权利和义务仍然是对等的，即在尽到服刑义务后，应当享有相应的权利。比如，罪犯在积极服刑中，尽到了各种服刑义务，达到了减刑条件，其就应当享有获得减刑的权利。

2. 行刑法律关系的客体

法律关系的客体又称"权利客体"或"权义客体"，是指法律关系主体的权利和义务所指向的对象。行刑法律关系的客体，是指行刑法律关系主体即监狱与罪犯双方权利、义务共同指向的对象——即以"刑期"为标志的"被剥夺和限制的人身自由"。这一客体是行刑法律关系区别于其他法律关系的重要构成要素，是行刑法律关系存在的现实依据。对自由刑而言，正是这一客体的原判确定性及其可变更原判的不确定性，为行刑主体之间如何确认和调整彼此刑事权利与义务关系，提供了以刑期为标志的"刑事标的"。

但需要补充指出，由于现代行刑法律关系具有司法和超司法的复合性，由此造成行刑法律关系客体的多样性。根据法律关系的客体理论，行刑法律关系的客

体除了以"刑期"为标志的"被剥夺和限制的人身自由"这一主要客体之外，还可能包括物、行为和智力成果。对此，略作如下解释：

（1）物作为行刑法律关系的客体之一，是指在监狱行刑法律关系中可以作为财产权利对象、具有经济价值，并可以被人们控制的物品或其他物质财富。监狱行刑法律关系客体中的物品或其他物质财富主要包括两种：一种是监狱所有的物品或其他物质财富，另一种是罪犯所有的物品或其他物质财富。监狱所有的物品或其他物质财富，既是行刑活动正常进行的物质基础，又是国家所有的财产。因此，罪犯负有不得破坏的义务，比如，我国《监狱法》第58条中规定，罪犯在生产劳动中有意损坏生产工具的，要受到处罚；构成犯罪的，应依法追究刑事责任。同时，监狱也负有及时维护和维修的义务。我国《监狱法》第8条规定，国家提供罪犯劳动必需的生产设施和生产经费；第9条规定，监狱依法使用的土地、矿产资源和其他自然资源以及监狱的财产，受法律保护，任何组织或者个人不得侵占、破坏。实际上，这些条文既赋予了监狱使用作为客体的物的权利，也间接为监狱设定了相应的义务。另外，对于罪犯个人所有的合法财产，如罪犯个人所有的生活必需品、经监狱批准罪犯接受的物品和钱款以及罪犯的劳动报酬，罪犯对其享有完整的个人所有权，而监狱负有不得侵犯的义务。

（2）行刑法律关系客体中的行为，是指行刑法律关系主体依法应为的特定行为。"应为的特定行为"，既包括作为，也包括不作为。作为，是指积极的行为，即主体从事一定的行为。不作为，是指消极的行为，即主体不得从事一定的行为，是对主体行为的禁止。由于行刑法律关系是依据行刑立法规范确认和司法调整行刑活动的结果，因而必然涉及对于行刑法律关系主体行为的要求。这些依法被要求应进行的特定行为，便是这里的行刑法律关系的客体表现。作为行刑法律关系客体表现的行为，包括监狱的行为和罪犯的行为。监狱行为中既包括积极的作为，比如，对罪犯进行思想教育、文化教育和技术教育必须采取作为的形式；也包括消极的不作为，比如，不得刑讯逼供、殴打罪犯、体罚罪犯或私自利用罪犯劳务等。同样，罪犯行为中既包括积极的作为，比如，罪犯行使辩护权、检举权和控告权必须通过作为的形式；也包括消极的不作为，比如，罪犯不得辱骂或者殴打人民警察、不得欺压其他罪犯、不得偷窃、不得赌博以及不得打架斗殴和寻衅滋事等。

（3）行刑法律关系客体中的智力成果，是指行刑法律关系主体从事智力活动所取得的成果，比如著作权、专利权等。智力成果也称为知识产品，其特征在于体现了人类的精神财富和创造能力，故而可以称为法律关系客体的独立类型。行刑活动中作为客体的智力成果，主要是指服刑罪犯的智力成果。罪犯的智力成果保护问题，应当由行刑立法规范予以确认和调整。我国《监狱法》第29条规定，罪犯有发明创造或重大技术革新的，属于重大立功表现，应当减刑。监狱对罪犯的智力成果有义务进行保护，罪犯也有权利要求监狱予以保护。

3. 行刑法律关系的内容

行刑法律关系的内容是指构成行刑法律关系的主体间彼此相对或相反的权利和义务构成。所谓相对或相反是指甲方的权利是乙方的义务，而乙方的权利则是甲方的义务。具体而言，就是监狱的权利与义务与罪犯的义务与权利共同构成了行刑法律关系的内容。需要说明，监狱和罪犯的法律地位并不完全平等，其特殊性在于监狱所享有的权利是与职务相关的职权，而其应尽的义务也是与职务相关的职责。因为监狱在监狱行刑法律关系中拥有的权利同国家的权力联系在一起，它代表的是国家的整体利益。因此，当它行使权利时要求作为相对义务人的罪犯必须服从，不得违抗；监狱的权利既不可转让，也不得放弃。虽然，监狱的权利并不具有绝对性，这是说监狱的权利与其义务相对应，受其义务的制约，有怎样的权利意味着有怎样的义务。但是，如果监狱因不作为或乱作为而违反职责或者不当行使职权造成了损害，也将受到有关法律的追究。对罪犯主体而言，其权利与义务虽然是由监狱主导进行的，但监狱必须在法律框架内保障罪犯义务的履行与权利的行使。事实上，罪犯权利就是可以向监狱主张的合法请求，因而转化成监狱的义务或职责，监狱有义务、有职责保障罪犯这些合法权利的实现。

二、行刑的立法规范

（一）行刑立法规范的含义

行刑立法规范是借助"假定、行为模式和法律后果"等规则形式制定的关于行刑权利和行刑义务的法律规定。行刑权利和行刑义务是行刑立法规范的核心内容。某些行刑准则之所以被称为行刑法律规范，就在于它授予罪犯一定权利，告知什么内容的主张和行为是正当的、合法的，会受到国家的肯定、支持和保护；或者给罪犯设定某种义务，指示罪犯怎样的行为是应该的、必须的或禁止的，且在一定条件下会由国家权力强制履行或予以警戒。是否授予权利、设定义务是检验一个行刑准则是否是行刑立法规范的标准。当然，行刑立法规范所授予的权利和义务不一定都针对罪犯，也有很大部分适用于行刑工作人员，甚至整个监狱或监狱特定部门，这是因为行刑立法规范调整的对象是监狱行刑社会关系，而不仅仅局限于罪犯。此外，在行刑准则体系中，有些规定是为了帮助正确理解或正确实施法律规范，它们本身没有权利和义务的内容，因而不是行刑立法规范，而是一个非规范性的规定或解释。

需要说明的是，行刑立法规范负载了行刑价值的行为准则和行为要求，行刑立法规范必须与价值思考联系起来才具有实践意义。因为"法律规范是应然规范，……只有一个行为的执行被评价为积极的，它的缺失被评价为消极的，此

时，那个行为才是应然的"[1]。只有借助价值概念才能将行为的应然意义揭示出来。没有价值基础的法律规范是对现实世界没有积极指导作用和评价功效的抽象教条，具备合理价值基础的行刑立法规范体系才能为行刑法治的实现确立制度基础和规则条件。行刑立法规范对于特定行为模式的要求，可以将各种行刑活动统一于既定的行刑目的，并确保行为内容和行为方式高度抽象化和一致化。这样，监狱行刑活动就可以在行刑立法规范的指引下，实现实质正义的程序化和制度化；罪犯也可以根据行刑立法规范提供的行为模式，主张自己的权利，履行自己的义务，预测行为后果，从而保证监狱行刑正义的实现。

（二）行刑立法规范的构造

1. 行刑立法规范的结构

从本质上讲，行刑立法规范是以行为标准形式传递国家意志的载体，而这一使命的实现借助的正是法律规范的特殊逻辑结构。任何一个行刑立法规范中都包括了假定、行为模式和法律后果三个要素。假定规定了法律规范可以适用的情况，法律运行有其特定的范围，只有在一定的情况具备时，行刑法律规范才能对特定的罪犯产生约束力。行为模式就是对于这些情况的法律限定。行为模式规定了特定情况下的行为要求，即"可以做什么""禁止做什么"或"必须做什么"。而法律后果则规定了对遵守规范或违反规范的肯定或者否定后果。肯定后果是确认行为以及由此产生的利益、状态具有合法性和有效性，并由国家予以保护。比如，罪犯行为符合假释条件，即可获得积极的法律后果。否定后果是否认行为以及由此产生的利益、状态具有合法性和有效性，从而导致国家对其不予保护甚至对行为人予以制裁。比如，违反监规的罪犯，可能被依法禁闭。

2. 行刑立法规范的类型

根据行刑立法规范结构的不同，尤其是行为模式的不同，我们可以将行刑立法规范分为权利型行刑立法规范、义务型行刑立法规范和权义复合型行刑立法规范。

（1）权利型行刑立法规范是指示特定对象可以作出或要求别人作出一定行为的规范。权利型行刑立法规范的作用在于，赋予监狱或者罪犯去建立或改变自身法律地位或法律关系的权利，从而形成符合行刑目的的行刑秩序。权利型行刑立法规范的特点是具有被授权的自主性，即行为主体既非必须作出一定行为，也非不得作出一定行为，行为主体可以在行为与否之间作出较为自由的选择。这一特点表现在它所使用的术语是"可以""有权""有……的自由""不受……干涉"等。比如，我国《监狱法》第7条第1款规定："罪犯的人格不受侮辱，其

---

〔1〕〔德〕卡尔·恩吉施著，郑永流译：《法律思维导论》，法律出版社 2004 年版，第 18~19 页。

人身安全、合法财产和辩护、申诉、控告、检举以及其他未被依法剥夺或者限制的权利不受侵犯。"该条就是一个典型的授权型行刑立法规范。通过"……不受侵犯"的语言结构赋予罪犯一系列改变自身法律地位的权利。根据该条规范，罪犯享有的属于该条文中的行为自由，罪犯可以自由作出行使与否的选择。比如对于申诉，该条规范赋予了罪犯申诉权，罪犯既可以提出申诉，也可以不提出申诉。罪犯对于是否提出申诉享有行为自由，监狱不得进行限制或者强制。

（2）义务型行刑立法规范是直接要求行刑法律关系主体从事或不从事某种行为的规则。义务型行刑立法规范的显著特点是具有强制性，它所规定的行为方式明确而肯定，不允许任何个人或机关随意变更和违反。根据规定行为方式的不同，义务型行刑立法规范可以分为命令式规范与禁止式规范。命令式规范是要求行为主体必须作出某种行为的规则。命令式规范一般以"必须""应当""应该"等语言结构为表现形式。比如，我国《监狱法》第69条规定："有劳动能力的罪犯，必须参加劳动。"这就是一条典型的义务型行刑立法规范，它直接要求符合条件的主体即有劳动能力的罪犯，从事劳动这一行为内容。罪犯必须按照该规范的要求去履行义务，否则将会受到相应的处罚和制裁。禁止式规范是禁止或严禁行为主体作出某种行为的规则。禁止式行刑立法规范中以"不得""禁止""严禁"等语句结构为表现形式。禁止式行刑立法规范一般是为了保护罪犯的基本权益，而严禁某些不人道或者非法行为的发生。比如，《大韩民国行刑法》第14条中规定："为了制止收容者脱逃、暴乱、骚乱或者自杀，保障矫导所内的安全和正常秩序，可以使用戒具；……戒具不能作为处罚用具。"该条文即是一个禁止式行刑立法规范，它明确严禁将戒具作为以处罚罪犯为目的的工具。戒具只能作为维护行刑秩序、防止紧急事件的应急措施而使用。这样规定的根本目的还是为了防止行刑者不当行使权力，侵犯罪犯权利。

（3）权义复合型行刑立法规范是指兼具授予权利和设定义务两种性质的行刑立法规则。权义复合型行刑立法规范的特点是，一方面被指示对象有权（职权）按照法律规则的规定作出一定行为，另一方面作出这些行为也是其不可推卸的职责。从逻辑上讲，每个权义复合型行刑立法规范都可以分解为权利型行刑立法规范和义务型行刑立法规范。行刑立法规则大多是有关监狱及其工作人员的组织职能和行刑程序的规则。根据规范具体内容的不同，权义复合型行刑立法规范可以分为组织职能型规范和程序型规范。组织职能型行刑立法规范侧重于确定权力的划分或者某种组织职能的分配。比如，我国《监狱法》第4条规定："监狱对罪犯应当依法监管，根据改造罪犯的需要，组织罪犯从事生产劳动，对罪犯进行思想教育、文化教育、技术教育。"该条就确定了监狱对于罪犯的各项职权，监狱既有义务按照条文规定进行具体活动，也有权利按照条文规定管理罪犯。程序型行刑立法规范侧重于指示监狱或者人民警察依照法定程序执行某种特定事项。比如，我国《监狱法》第 16 条中规定："罪犯被交付执行刑罚时，交付执行的人民法院应当将人民检察院的起诉书副本、人民法院的判决书、执行通知书、结案登记表同时送达监狱。监狱没有收到上述文件的，不得收监；上述文件不齐全或者记载有误的，作出生效裁决的人民法院应当及时补充齐全或者作出更正；对其中可能导致错误收监的，不予收监。"该条规定即属于程序型行刑立法规范。它是关于收监程序适用的立法规范。当该条中的两种情形出现时，监狱既有义务依法不得将罪犯收监，也有权利依法将罪犯不予收监。

第三节 行刑的司法程序

行刑司法程序是根据行刑司法的基本原理所建构的一系列具有步骤和流程特征的行刑实践规则。经过历史的演变，在刑罚思想的影响下，现代行刑活动最终形成了包含原判刑罚执行和变更刑罚执行的复合行刑司法程序结构。原判刑罚执行程序以罪刑法定、罪刑相应、罪刑均等、道义责任等刑罚思想为原则的行刑一般化的报应刑原理。变更刑罚执行程序包含了以社会责任、行刑人道、社会防卫等刑罚思想为原则的行刑个别化的预防刑原理。原判刑罚执行程序与变更刑罚执行程序组成了行刑法治的复合程序原理，保证监狱行刑活动实现司法正义的程序化和规范化。

一、原判刑罚执行程序

（一）原判刑罚执行程序的含义

顾名思义，原判刑罚执行程序是指对于法院判决所确定刑罚的执行程序。根据刑罚种类的不同，刑罚执行主体有所区别。在现代以自由刑为中心的刑罚体系中，监狱是主要的刑罚执行主体。原判刑罚执行主要是自由刑的实现过程，或者说是监狱执行纯粹自由刑的过程。原判刑罚执行程序强调的是将已确定的刑罚量施加于罪犯的过程。原判刑罚执行是国家行刑权作用于罪犯的基本形式，其他形式的刑罚执行都必须以此为基础。

原判刑罚执行程序的依据包括依法行刑、公正行刑的正义报应原则。

1. 依法行刑原则是原判刑罚执行的程序要求

依法行刑包括两个层面的含义：一是行刑内容的确定和行刑活动的进行必须以法律为基础；二是行刑权的行使和作用方式也必须依法进行。行刑法定原理是刑事实体法领域罪刑法定原则的理论延伸。从广义角度看，行刑法定实际上也是罪刑法定原则的重要组成部分，是罪刑法定思想的重要表现和重要补充。

作为近代刑法的基本原则，罪刑法定原则最早建立在个人本位的古典自然法基础上，其作用在于通过限制立法权和刑罚权来保障个人的自由。罪刑法定的经典表述是"法无明文规定不为罪，法无明文规定不处罚"。该表述精炼地体现了罪刑法定的基本思想和基本内容，即法律没有明文规定为犯罪的行为，司法者不得将其定性为犯罪；法律没有明文规定行为后果是刑罚的行为，司法者不得将刑罚适用于该行为。由于刑事法领域不仅包括对行为予以定性的定罪量刑活动和对犯罪行为予以处罚的判刑活动，还包括兑现刑罚的行刑活动。因此，涵盖了量刑和判刑的罪刑法定原则理应在行刑领域予以延伸。行刑法定原理应当成为罪刑法定原则的重要组成部分或者重要解释路径。行刑法定要求一切行刑活动和行刑内容都必须具备法定依据，必须根据国家意志的规范化形式进行。这也就意味着凡是法律确定的行刑内容都必须严格执行。法院通过审判活动对于犯罪人施加了一定的刑罚量，并且记录于具有法定效力的刑事判决中。对于行刑机关而言，执行刑罚既是其职责，也是践行行刑法治的具体过程。原判刑罚执行表明了行刑活动的法治化，即具备法定效力的刑事宣判结果必须得到全面执行，并有国家强制力的保障。

2. 公正行刑是刑罚执行的实质要求

如果说依法行刑解决了原判刑罚执行程序的程序正当性问题，那么刑罚的公正报应主义解决的是原判刑罚执行的实质正当性问题。为什么必须公正行刑？从报应主义的理论来看，所谓公正报应，可以分为绝对公正报应、相对公正报应和综合公正报应三种。绝对报应论认为刑罚的目的是恢复正义，刑罚权的法律根据应当从作为道义上的报应中寻求。依此思路，刑罚执行的必要性在于"因为犯了罪，所以被处罚"。相对报应论认为刑罚是实现一定目的的手段，刑罚权的法律根据应当从刑罚的合目的性中去寻找。依此思路，刑罚执行的必要性在于"为了使犯罪者不再犯罪，所以必须进行惩罚"。综合主义则将上述两种见解折中，认为刑罚权的法律根据在正义和合目的性中都存在。依此思路，刑罚的正当性在于，因为已经犯了罪，而且为使犯罪者不再犯罪，所以必须进行公正惩罚。虽然三种报应主义的侧重不同，但由于报应主义皆暗含"罚当其罪"的等害或等价报应思想，因此，可以合理地解释公正行刑的正当性。

（二）原判刑罚执行程序的内容

原判刑罚执行程序涵盖了行刑活动的全过程，包括了从收监到释放的所有行刑环节。其主要内容包括：

1. 执行场所

原判刑罚执行的场所主要在监狱，但也包括了其他刑罚执行的场所。因为虽然刑罚执行主要是自由刑的执行，但也包括了其他种类刑罚的执行。因此，从广义上讲，拘役、财产刑、缓刑等的刑罚的执行机关也属于刑罚执行机关。即使仅仅从自由刑刑罚执行的角度来讲，监狱也不是唯一的行刑机关。比如，我国《监狱法》第 15 条第 2 款规定："罪犯在被交付执行刑罚前，剩余刑期在 3 个月以下的，由看守所代为执行。"由于剩余刑期为 3 个月以下的罪犯，需要继续执行的时间太短，不便再履行复杂的移交手续，因而规定由看守所代为执行。

2. 执行程序

我国《刑事诉讼法》第 248 条规定，自由刑判决只有在发生效力后才能执行。人民法院对被判处无期徒刑、死刑缓期执行、有期徒刑的罪犯，应将执行通知书、判决书送达羁押该罪犯的公安机关，并同时将检察院起诉书副本、法院判决书、执行通知书、结案登记表送达监狱。公安机关在自接到法院送达的执行通知书、判决书起 1 个月内将罪犯送交监狱执行刑罚。监狱在接到法院送达的上述文件后，才能将公安机关送交执行的罪犯予以收监执行。如果没有接到法院送达的文件，不得收监；如果上述文件不齐全或者记载有误的，应由原判法院及时补齐或作出更正。监狱应在办理收监手续之日起 5 日内发文通知罪犯亲属，告知罪犯被关押的地点、刑期以及亲属探监的有关规定。

3. 执行终结

自由刑执行终结的方式有两种：一种是因罪犯死亡而结束。这对于无期徒刑和有期徒刑来说都适用。另一种是释放，其中又包括刑满释放和假释两种情况。刑满释放只有在有期徒刑的执行中才存在，无期徒刑在执行期间只有被假释的可能，而没有刑满释放的问题。根据我国法律的相关规定，罪犯在服刑期满时，监狱应当按期释放并发给释放证明书。被判处有期徒刑和拘役的罪犯的刑满释放日期，应当为判决书确定的刑期的终止之日。释放后，公安机关依据《释放证明书》为罪犯办理户籍登记手续。刑满释放人员依法享有与其他公民平等的权利，任何单位和个人不得歧视。

二、变更刑罚执行程序

（一）变更刑罚执行程序的含义

原判刑罚执行程序是报应行刑活动的基本形态，变更刑罚执行则是为了实现超报应行刑目的而变更原判刑罚的执行形态。刑罚执行是法定的刑事活动，其严肃性和法定性决定了执行内容和执行方式的确定性。但随着近现代预防刑理念的流行及其制度化，刑罚执行的变更获得了理论和实践依据。监狱的功能不再只是简单的监禁惩罚报应，而是开始贯彻预防犯罪的要求。换言之，在现代监狱学，严格按照刑罚内容和执行方式行刑虽然仍十分重要，但教育矫正罪犯、促进罪犯积极复归的思想已后来居上。在此背景下，刑罚执行的程序正义被弱化，而超刑事的社会功利性随之加强。罪犯经过服刑，只要人格得到了矫正，罪犯行为方式恢复了正常，那么行刑目的就已达到，原判刑罚即可依此获得减轻的变更。

第一，变更刑罚执行的出现与行刑的人道主义兴起密切相关。由于罪犯基本权利在行刑人道主义的背景中被赋予了重要地位，从而使行刑内容和方式发生相应改变。这是说变更刑罚执行的前提和目的与对罪犯人权的本质和地位的看法有关。变更刑罚执行的罪犯人格预设在于不是把罪犯看作是社会的怪物或敌对分子，而是将其视为仅仅是人格某些方面出现了病态因素的异常行为者。如果都把罪犯视为怪物或者天生犯罪人，变更刑罚执行既无可能，也无必要。因此，只有在出现了"以人为本，人类平等以及关于人性、人的价值和尊严、人的现实生活和幸福、人的解放的人道主义学说之后，尊重罪犯权利的人道性才成为刑法不可或缺的价值追求"[1]。变更刑罚执行程序也才成为可能，即通过变更刑罚执行内容或方式，兑现罪犯改造赎罪的回报或者激励良好回归社会，使其尽快、充分、合理地转变为守法公民。

第二，变更刑罚执行体现了预防犯罪的要求。预防刑理论的核心思想之一是行刑个别化。所谓行刑个别化，是指在刑罚执行过程中应当根据犯罪人的人格特点、服刑表现、再犯风险以及社会生活需要而给予个别处遇的制度，即刑罚执行必须依据犯罪人的年龄、性别、性格特征、生理状况、犯罪性质、犯罪严重程度、人身危险性等给予不同的行刑方式。行刑个别化思想亦即特殊预防刑论是由德国刑法学者李斯特最早提出的。李斯特认为刑罚应以预防罪犯再危害社会为目的。要想防止罪犯犯罪，则必须根据罪犯的个体特性对其进行个别处罚。因此，他将"刑罚目的确定为特殊预防，为了尽可能有效地实现这一目的，刑罚制度必须具有灵活性、可变化性与保安性"[2]。同时，李斯特主张以犯罪人的性格和心理状况为标准，个别确定罪犯的刑罚。在同一时期的其他犯罪学者也曾先后表达过相似的主张。比如，龙勃罗梭着眼于犯罪人的生物学特征，对罪犯进行分类，并根据各种类型罪犯的特性制定了相应的刑罚措施。刑事社会学派进一步从社会防卫和社会预防的视角给予犯罪人的人身特征和社会属性更大的关注。刑事社会学派的代表人物菲利即明确指出："对于任何一起犯罪，刑罚问题都不应当仅仅配给罪犯预期道德责任相应剂量的药，而应当被限定为根据实际情况（违法及其造成的损害）和罪犯的个人情况（罪犯的人类学类型），视其是否被认为可以回归社会，确定是否有必要将罪犯长久、长期或短期地隔离，或者是否强制他严格赔偿他所造成的损失就足够了。"[3] 总之，行刑个别化的实质就在于对于罪犯所

―――――――

〔1〕 参见陈兴良：《刑法的价值构造》，中国人民大学出版社 2006 年版，第 356～357 页。

〔2〕 张明楷：《刑法学》，法律出版社 2007 年版，第 10 页。

〔3〕 ［意］恩里科·菲利著，郭建安译：《犯罪社会学》，中国人民公安大学出版社 2004 年版，第 95～96 页。

施加的刑罚不是国家权力的强加和不分情况的"依法适用"，而是在考虑了罪犯性格特征和基本需要基础上的合理适用。而行刑目的也因此从单纯地报复惩罚罪犯和兑现司法裁判，转变为改造罪犯危险人格、预防犯罪了。

（二）变更刑罚执行程序的内容

变更刑罚执行程序主要包括变更刑罚执行的时间和变更刑罚执行的地点。减刑程序是变更刑罚执行时间的典型程序之一。减刑，是指司法机关可以依法对服刑人通过变更原判刑罚，减轻其服刑时间。减刑有广义和狭义之分。在我国，广义的减刑是指受刑人在刑罚执行期间，因符合法定事由，而将原判刑罚予以减轻或免除的制度。狭义的减刑，指对被判处管制、拘役、有期徒刑或者无期徒刑的受刑人，在刑罚执行期间，因确有悔改和立功表现，依法减缩其原判刑罚时间的制度。减刑直接减少了刑罚的适用量，是激励罪犯积极服刑的重要手段。所以，依法减刑以缩短罪犯服刑时间，有助于节约监狱的行刑成本，提高行刑效益。

假释也是变更刑罚执行方式的典型形式之一。假释，又称附条件释放，是对被判处徒刑的服刑罪犯，在执行一定时期的刑罚之后，确有悔改表现，予以附条件提前释放出狱的一种刑罚制度。假释虽然变更了刑罚执行的地点，但被假释的罪犯并没有完全获得自由，虽不在封闭场所内服刑，却必须符合监狱为其制定的考察条件。罪犯如违反条件，则面临着被取消假释，重新予以收容的后果。比如，按照我国现行《刑法》规定，除了累犯以及因故意杀人、强奸、抢劫、绑架、放火、爆炸、投放危险物质或者有组织的暴力性犯罪被判处 10 年以上有期徒刑、无期徒刑的犯罪分子不得假释之外，一般而言，罪犯有期徒刑实际执行 1/2 以上，无期徒刑实际执行 10 年以上，死缓犯实际执行 12 年以上，才可以假释。如果罪犯被判处无期徒刑，实际执行 10 年以上，罪犯表现良好，确有悔改或者有立功表现的，监狱就可以将罪犯假释出狱。但罪犯从假释之日起，就要受到相应的法律监督，一旦出现了违法或者违规行为，即撤销假释，重新入狱服刑。假释的这一程序性规定所具有的心理强制效应保证了假释适用的可行性和有效性。

此外，除了上述减刑、假释，在我国监狱的变更行刑制度中保外就医亦被视为变更刑罚执行的内容之一。但需要说明，保外就医制度的适用依据与上述变更行刑的目的、依据和法定情形以及批准主体等，皆有所不同。基于医疗人道主义、行刑安全主义或技术权宜主义而适用的保外就医，只是临时变更刑罚执行地点，并未改变原判刑罚的法定意义。因此，严格来说，保外就医虽变更了刑罚执行的地点，但并不具有变更原判刑罚适用及其执行的法律意义。

三、原判刑罚执行程序与变更刑罚执行程序的关系

在现代自由刑的执行中，原判刑罚执行与变更刑罚执行构成了一种复合刑罚执行方式，二者在行刑理论和行刑实践中具有一种对立统一的关系。就其对立性而言，原判刑罚执行依据罪刑对等、罪刑法定的法治原则，体现了行刑法治正义。如果原判刑罚不能做到依法行刑、公正行刑，行刑法治的根基就会受到严重削弱。因为罪犯毕竟是侵犯社会利益的个体，原判刑罚的严格执行，对于维护社会基本秩序和报应犯罪等具有无可争议的功能和价值。任何试图对其变更的行为都与维护原判精神不相吻合。就此而言，变更刑罚执行亦不例外。但是，就统一性而言，变更刑罚执行并不依据报应逻辑，而是预防逻辑。预防逻辑的目的不是想要否定原判刑罚执行的功能和价值，而是试图在增加刑罚产出效益的理念下提升和拓展刑罚功能。正是基于不同的刑罚逻辑，形成了原判刑罚执行与变更刑罚执行的复合制度结构，形成了报应与预防的复合行刑方式。因此，现代行刑法治的主要理论和实践难题，依然是如何妥善协调两种行刑逻辑的对立统一关系，真正实现行刑法治的程序正义目标。

 思考题

1. 什么是行刑法治？
2. 什么是行刑法律关系？为什么需要掌握行刑法律关系？
3. 什么是行刑的立法规范？什么是行刑立法规范的结构及其类型？
4. 什么是行刑的司法程序？
5. 什么是原判刑罚执行？什么是变更刑罚执行？两者具有怎样的关系？

附录 课外阅读参考书目

一、基本参考书目

1. 孙雄编著:《监狱学》,商务印书馆 2011 年版。

2. 林纪东:《监狱学》,台湾三民书局 1997 年版。

3. 许章润:《监狱学》,中国人民公安大学出版社 1991 年版。

4. 中华人民共和国司法部编:《中国监狱史料汇编(上、下)》,群众出版社 1988 年版。

5. 薛梅卿主编:《中国监狱史》,群众出版社 1986 年版。

6. 李甲孚:《中国监狱法制史》,商务印书馆 1984 年版。

7. 郭明:《中国监狱学史纲——清末以来的中国监狱学术述论》,中国方正出版社 2005 年版。

8. [荷] 冯客著,徐有威等译:《近代中国的犯罪、惩罚与监狱》,江苏人民出版社 2008 年版。

9. 吴宗宪:《当代西方监狱学》,法律出版社 2010 年版。

10. 翟中东:《矫正的变迁》,中国人民公安大学出版社 2013 年版。

11. 陈忠诚编译:《美国监狱和矫治》,法律出版社 1998 年版。

12. [美] 理查德·霍金斯等著,孙晓雳、林遐译:《美国监狱制度——刑罚与正义》,中国人民公安大学出版社 1991 年版。

13. 杨世云、窦希锟编著:《比较监狱学》,中国人民公安大学出版社 1991 年版。

14. [法] 米歇尔·福柯著,刘北成等译:《规训与惩罚:监狱的诞生》,生活·读书·新知三联书店 1999 年版。

15. 郭建安:《联合国监狱管理规范概述》,法律出版社 2001 年版。

16. 郭明等编:《监狱法律法规导读》,中国方正出版社 2004 年版。

二、拓展参考书目

1. [美] 安妮·阿普尔鲍姆著,戴大洪译:《古拉格——一部历史》,新星出版社 2013 年版。

2. [苏联] 亚历山大·索尔仁尼琴著,田大畏等译:《古拉格群岛》,群众出版社 1982 年版。

3. 郭明:《监狱的隐喻——来自铁窗内的人生故事》,学林出版社 2010 年版。

4. 郭明:《学术转型与话语重构——走向监狱学研究的新视域》,中国方正出版社

2003 年版。

5. 严景耀：《中国的犯罪问题与社会变迁的关系》，北京大学出版社 1986 年版。

6. ［意］恩里科·菲利著，郭建安译：《犯罪社会学》，中国人民公安大学出版社 2004 年版。

7. 吴宗宪：《西方犯罪学》，法律出版社 2004 年版。

8. 蔡枢衡：《中国刑法史》，广西人民出版社 1983 年版。

9. 李贵方：《自由刑比较研究》，吉林人民出版社 1992 年版。

10. 马克昌主编：《近代西方刑法学说史》，中国人民公安大学出版社 2008 年版。

11. ［意］切萨雷·贝卡里亚著，黄风译：《论犯罪与刑罚》，中国法制出版社 2009 年版。

12. ［加］西利娅·布朗奇菲尔德著，郭建安译：《刑罚的故事》，法律出版社 2006 年版。

13. 张明楷：《外国刑法纲要》，清华大学出版社 2007 年版。

14. 邱兴隆：《关于惩罚的哲学：刑罚根据论》，法律出版社 2000 年版。

15. 陈兴良：《本体刑法学》，商务印书馆 2001 年版。

16. 邱兴隆、许章润：《刑罚学》，群众出版社 1988 年版。

17. ［美］H. L. A. 哈特著，王勇等译：《惩罚与责任》，华夏出版社 1989 年版。

18. 吴新民：《柏拉图的惩罚理论》，中国社会科学出版社 2010 年版。

19. ［美］大卫·葛兰著，刘宗为、黄煜文译：《惩罚与现代社会》，商周出版社 2006 年版。

20. 夏勇：《人权概念的起源》，中国政法大学出版社 1992 年版。

21. 汪勇：《理性对待罪犯权利》，中国检察出版社 2010 年版。

22. ［美］罗纳德·德沃金著，信春鹰、吴玉章译：《认真对待权利》，中国大百科全书出版社 1998 年版。

23. 梁治平：《法辨：中国法的过去现在与未来》，中国政法大学出版社 2002 年版。

24. ［美］迈克尔·桑德尔著，朱慧玲译：《公正——该如何做是好?》，中信出版社 2011 年版。